幼儿园音乐游戏设计与指导

陈一诺　陈赛　主编

西南大学出版社
SWUP 国家一级出版社 全国百佳图书出版单位

图书在版编目（CIP）数据

幼儿园音乐游戏设计与指导 / 陈一诺, 陈赛主编
. -- 重庆 : 西南大学出版社, 2022.6
全国职业院校学前教育专业新形态规划教材. 音乐舞
蹈系列
ISBN 978-7-5697-1436-4

Ⅰ. ①幼… Ⅱ. ①陈… ②陈… Ⅲ. ①学前儿童—音
乐教育—高等职业教育—教材 Ⅳ. ①G613.5

中国版本图书馆CIP数据核字（2022）第068380号

幼儿园音乐游戏设计与指导
YOU'ERYUAN YINYUE YOUXI SHEJI YU ZHIDAO

陈一诺　陈赛　主编

选题策划： 王　菱　郭彦臣
责任编辑： 郭彦臣
责任校对： 王　斌
装帧设计： 观止堂_未　氓
排　　版： 江礼群
出版发行： 西南大学出版社（原西南师范大学出版社）
地址：重庆市北碚区天生路 2 号
邮编：400715
电话：023-68254353
经　　销： 全国新华书店
印　　刷： 重庆俊蒲印务有限公司
幅面尺寸： 185 mm × 260 mm
印　　张： 10.25
字　　数： 201 千字
版　　次： 2022 年 6 月　第 1 版
印　　次： 2022 年 6 月　第 1 次
书　　号： ISBN 978-7-5697-1436-4
定　　价： 49.00 元

作者简介

陈一诺

毕业于中央音乐学院作曲系，国际青少年音乐家协会中华区执行主席、香港女作曲家协会会员。主编《中小学管弦乐团名曲教程 1—2》、钢琴教学系列用书《乐曲的奥秘》。在儿童音乐教育方面有着丰富的教学经验，现致力于儿童新音乐的探索、创作、分析及教具研发工作。

陈　赛

硕士研究生毕业于中央音乐学院音乐教育专业，中华儿童文化艺术促进会美育素养委员会特聘专家、中央音乐学院艺术素养培训讲师，国际青少年音乐家协会副会长、中法国际文化协会理事。主编《少儿音乐素养考级教材》、钢琴教学系列用书《乐曲的奥秘》等。

序

随着我国经济文化的蓬勃发展，教育观念逐渐有了新的转变，国家相继出台了许多与教育相关的改革政策，强调学生综合素质的培养，推动美育发展，让教育回归本质，从唯分数论转变到人的全面发展。

但美育之路，绝非一日之功，需要漫长又细致地灌溉。而幼儿学前教育就是美育之路的起点，是国家基础教育的重要组成部分。课程内容是教育的核心，其中教师的理念及经验起核心作用。如何将美育课上好、深化教学改革、提升文化理解、审美感知、艺术表现、创意实践等核心素养，帮助学生成就最终的艺术专项特长，这是一名幼教需要具备的素质。但在教育资源紧缺、幼教工作负荷重、文化程度不一等实际情况下，音乐启蒙课程的水平参差不齐，难以接轨义务教育阶段的教学任务。

鉴于此，我的学生陈一诺及其好友陈赛在总结多年教学经验的基础上，编写的这本《幼儿园音乐游戏设计与指导》正是当下我国学前教育阶段急需的、符合幼儿心理发展特点的应用型教材。近几日我认真阅读了这本书，看得出来，她们在教材素材搭配上可谓下足了功夫。该教材内容编写由浅入深，语言生动有趣，音乐新颖不俗，教学设计丰富多彩，能让幼儿教师在短时间内编排出高质量、精彩有趣的音乐游戏活动，更会使学前儿童尽快适应新环境，并在愉悦的氛围下参与音乐游戏，提升音乐素养。

我的母亲，中国幼儿音乐教育先驱李晋瑗教授曾说过：“音乐艺术是生活的反映，而音乐教材会涉及幼儿生活的多个方面，如品德教育、生活习惯、自然常识及音乐知识。”这句话也可作为此教材设计理念及内容的总结。学前教育的文化传承与发展，需要用极大的耐心与爱心去灌溉。如今我的学生多年来一直致力于幼儿音乐启蒙教育方面的研究，成就今日的教材，让人为之欣慰。

中央音乐学院教授、博士研究生导师

前言

雨果曾经说过："开启人类智慧的三把钥匙，即数字、字母及音符。"可见音乐对于人类文明发展的重要性，而音乐教育，无疑是人类自幼儿阶段开始获得全面发展的一大关键教育。本书的设计理念，是希望将音乐结合律动游戏融入学前课堂，让教师和孩子们在益智音乐游戏中获得更好的体验感和审美能力。

全书分两大部分，理论与实践。在理论部分中，简要阐述了幼儿园音乐启蒙教育的价值和目标，概括了世界三大音乐教育体系——奥尔夫、柯达伊以及达尔克罗兹的教学特点在幼儿音乐启蒙教育中的重要性，依据幼儿心理发展阶段的特点，最终制定了音乐游戏的步骤和方法。在实践部分，结合国外三大音乐教育体系和国内音乐教育的经验和方法，编写出适合幼儿园小、中、大班的 30 个教学案例。每个案例，均有一个核心主题，包含音乐介绍及互动、演唱及简易乐器演奏、音乐律动游戏、教学建议及教学笔记五个板块，内容涵盖诗歌、故事、童谣、小舞蹈等，强调综合性和创新性。对教师而言，使用本教材可以快速进入教学状态，掌握课堂节奏，通过科学及相对标准化的流程进行创新，设计出更符合当地民风民情的音乐课堂，帮助其更好地规划和输出。对幼儿来说，跟随教案中的步骤互动、歌唱及律动，可高效地促进身体多方面的发展。

书中涉及的 30 首音乐作品，来自世界各地儿童喜欢的歌谣，它们产生于不同时期，不同地域，具有不同风格。为了更适合此阶段的教学，编者为大多数旋律进行了重新填词，这些俏皮有趣的素材，给孩子们展现出多彩的音乐世界。

另外，在书的附录部分，编者提供了精练的“乐器使用指南”，介绍了奥尔夫乐器的使用方法，如果课堂上在“演唱及简易乐器演奏”的环节时间允许，教师可在幼儿熟练音乐节奏之后，将原定的乐器替换成其他合适的乐器来为乐曲伴奏，让幼儿对不同乐器的合奏有更多的体验。

为了方便教学，编者为所有歌曲精心录制了高质量的伴奏与人声音频资源。在音频的使用上，给教师几点建议：（1）在音乐介绍及互动与师生互动的环节里，教师可以使用人声版音频作为背景音乐，让幼儿对音乐旋律和歌词有一定的熟悉。（2）在演唱及简易乐器演奏中，教师可让幼儿先使用人声版音频进行跟唱学习，熟练后再使用伴奏音频。（3）在音乐律动游戏中，推荐使用人声音频作为律动游戏的背景音乐。因为有些游戏动作是根据歌词内容进行设计的，边听边唱边做律动，有助于幼儿对动作的理解和完成。两个版本的音频，在每一课的首页有一个二维码，扫码即可获取资源，非常方便。

这是一套集歌曲演唱、器乐伴奏、语言文化、律动游戏于一体的综合课程，幼儿通过自己的语言、歌唱、演奏、动作、游戏去发现音乐，去进行音乐实践和学习。编者相信，幼儿在早期的音乐学习中充分感受音乐乐趣，培养音乐兴趣，对其未来的艺术教育发展极其重要！路漫漫其修远兮，我们深知任重道远，期望能与更多的有志于从事幼儿音乐启蒙游戏研发的同行们一道为我国学前音乐教育事业的繁荣贡献力量。

目录

模块一
幼儿园音乐启蒙教育的价值与目标

项目一　幼儿园音乐启蒙教育的价值

音乐在人类文明的发展中有着悠久的历史，是表现性艺术最早的形式之一。音乐教育作为美育的重要组成部分，它能够唤起聆听者的情感且赋予其力量，对人们的身心健康有着积极且深远的影响。

任务一　培养儿童的音乐能力

人类的大脑发育，最先成熟的就是听觉神经系统，宝宝在胎儿时就有听觉上的感知能力，6 个月时听觉能力已发育到相当完备的程度，不仅能听到母亲的心跳，对外界发出的各种声音都会有一定反应。婴幼儿在感受音乐时，大脑的听觉系统会自动接受、分辨、理解和整合大量信息——包括音色、音调、音高、节奏、旋律、结构、情感等，从而快速促进大脑的发育，为未来更高功能的人脑发育提供基础。

一、听觉培养

儿童在不同的发育阶段，存在不同能力发展的关键期，如 3—6 岁是儿童音乐听力发展的敏感期，这一阶段对儿童进行早期音乐教育可以有效提高他们对音高的敏感度，促进其听觉能力的发展。

二、音准校正

在儿童对音高概念有初步了解后，听觉敏感度的提升可以有效调整他们在演唱时的音准。这一阶段的儿童可以把听到的声音与音符有机联系，经大脑皮层系统分析加工整理完成音准校正的过程。

三、乐感培育

对儿童从低幼时期开始进行音乐启蒙教育是非常有效的。儿童在潜移默化的音乐教育环境中感知节拍、节奏，感受多元化的音乐韵律，在他们心中种下一颗音乐的种子——也是从事音乐者的最终目的——爱音乐、爱艺术、爱生活。

儿童在进行音乐欣赏过程中可以充分感受艺术魅力，培养其视觉及听觉的审美，提升艺术修养。当儿童从启蒙课程过渡到器乐学习时，内心的那颗音乐种子会慢慢发芽，使其更有效地理解所演奏的曲子背后的“乐感”，从而将乐曲的精髓演绎出来。

任务二　促进儿童的全面发展

除了音乐能力的发展，从低幼年龄段开始接受音乐启蒙对其日后的智力发育、想象力、记忆力及思维能力等方面的发展极具帮助，具体如下：

一、提升儿童语言表达能力

一般儿歌的旋律与结构都符合儿童的生理特点，帮助大脑更好地吸收知识、组织文字，对儿童语言表达能力的提升有十分显著的效果。

二、促进儿童性格的发展

儿童通过优美的旋律及趣味性的歌词可以从中体会许多潜在的情感及情绪变化，这个过程可以很好地培养他们良好的性格及情绪。

三、促进儿童思维能力的发展

儿童在音乐学习过程中，使用跺脚、拍手等身体动作以及演奏小乐器带来的声响有助于刺激自身的智力能力发展。儿童可以从声响中体会很多抽象性的概念，如快与慢、高与低、强与弱等，进而促进儿童思维能力的发展。

四、培养儿童身体协调能力的发展

在鼓掌、跺脚和操作乐器时，儿童需运用身体的大肌肉群和小肌肉群进行协调配合，这个过程能有效发展幼儿肌肉的灵活性以及大脑协调性，促进其运动能力及感知能力的协调发展。

总而言之，我们需要明白，幼儿在音乐启蒙中不仅仅是“学音乐”，而是让他们在接触音乐的过程中、在不同阶段的学习模式中身心得到健康发展，个性、情绪、审美、心理发展都得到良好塑造，意志力及自信心也得到同步提升，这才是启蒙音乐教育的核心价值。

项目二　幼儿园音乐启蒙教师应具备的职业素养

了解音乐启蒙对幼儿的作用之后，幼儿园教育就需朝着这一教学目标去制定相关教学方案，其中对音乐启蒙教师的培育则是实现教学目标的核心。柯达伊曾说：“培养一个音乐教师，要比培养一个音乐指挥重要十倍！一个蹩脚的指挥，他不过失败一次，而一个蹩脚的音乐教师要是连续失败三十年，就会扼杀三十批儿童对音乐的爱好。”音乐教师的职责是将音乐启蒙教育的价值体现出来，并实现自身的价值。那么音乐教师怎样做才算完成自身职责和使命？首先便是要正确认识自己所担当的角色及任务。具体如下：

任务一　具备专业技能及其相关素养

作为一名音乐启蒙教师，其专业技能及修养所追求的更多不是深度，而是广度。

一、音乐技能

就音乐本身，启蒙教师自身至少需要掌握一门乐器、良好的歌唱技能及基础乐理知识。这里教师的技能掌握不在于难度的体现，却不可忽略其准确度及严谨性。

二、其他艺术形式

音乐启蒙课程中离不开歌唱及律动，所以除音乐之外，教师须同时了解并接触其他艺术形式，如舞蹈、诗歌、绘画、戏剧等。

三、语言能力

幼儿的音乐启蒙阶段同时也是他们的语言高速发展阶段，教师要以标准、流畅、有感染力的发音授课，为幼儿带来更好的听觉体验。

任务二　具备人本意识

以人为本，音乐启蒙教育的对象是幼儿，即以幼儿为本，以幼儿自身的发展为中心。具体为：

一、认清主体性

音乐课的全部教学活动应以幼儿为主体，师生互动，将学生对音乐的感受和音乐活动的参与放在重要的位置。

二、尊重个性发展

每一个幼儿都有权利以自己独特的方式学习音乐，享受音乐带给自己的乐趣，教师不可用自己的结论去代替幼儿的思考，应多鼓励和引导幼儿以自己的视角去观察、思考，并最大限度地开发每个幼儿的音乐智能和个性发展能力。

三、注重兴趣培养

兴趣是一切学习的基本动力，更是音乐学习的前提。作为教师，在音乐课堂的规划上应充分发挥其趣味性，针对不同的教学阶段根据幼儿身心发展规律和审美特征，以丰富多彩的教学内容和生动活泼的教学形式激发和培养学生的学习兴趣。

任务三　具备审美意识

音乐启蒙教学应该是师生共同体验、发现、表现、创造及享受音乐美的过程，以音乐审美为核心的基本理念应贯穿音乐教学的全过程，在潜移默化中培育幼儿美好的情操及健全的人格。对音乐基础知识和基本技能的学习，教师在教学时应有机地将其渗透在音乐艺术的审美体验之中，强调音乐的情感体验，根据音乐艺术的审美特征引导幼儿领会音乐要素在音乐表现中所起的作用。

一、教师自身审美意识的增强

教师是音乐美的传播者、培养者，是在音乐与幼儿心灵之间桥梁的建设者。因此，启蒙音乐教师必须不断提高自己的审美修养，增强审美意识，研发具有艺术特色的教学方法，帮助幼儿发现美、感受美、创造美。

二、注重幼儿审美情感的培养

中国乃至世界的音乐是开放多元的，教师在音乐教学中应高度重视和积极提高幼儿的审美能力，做到能从品类繁多的音乐作品中挑选出真善美的音乐用在欣赏、唱歌、器乐等课堂教学和课外活动中，使幼儿充分享受艺术美感。与此同时，教师须尽可能地将我国各民族的优秀传统音乐加入启蒙音乐课中，做弘扬民族音乐的传播者，让幼儿在接触民族音乐的过程中了解祖国的音乐文化，增强民族意识和爱国情操。教师还须引导幼儿理解多元文化，学习和尊重世界其他国家和民族的音乐，共享人类文明的一切优秀文化艺术成果。

任务四　具备创造意识

创造意识对人类发展有许多潜在影响：当你对某事感到气馁和沮丧时，创造意识可以起到激励的作用，引领你将注意力从困扰中转移到更有趣、更有意义的事情上，从而振奋精神，摆脱坏情绪；当你遇到困难时，创造意识会帮你打开更多的可能性，从不同的角度看待事情，获得独特的想法去解决问题。在你通过创造性地思考克服各种挑战后，你将从心底肯定自己并提高自信心。音乐教师应在教学实践中保持创新意识及创新精神，在一些教学环节设定生动有趣的创造性活动的内容、形式和情景，发展学生的想象力和创造意识。

一、培养儿童的创造性思维

“音乐语言”具有抽象性和可塑性，人们可以根据自己的生活经历、文化素质、音乐修养对音乐产生不同的联想和想象，做出不同的理解和反应，幼儿也不例外。教师在教育教学中培养学生的想象力及创造性思维是发展学生创造力的重要保证。

二、营造良好的教学创新氛围

幼儿教师需营造师生平等交流的教学气氛，鼓励幼儿提出自己的想法并保护他们的好奇心、求知欲和丰富的想象力，使音乐启蒙的学习保持自由快乐的气息。任何时候，教师都是幼儿园的核心力量，教师的教育观念是教学的关键。优秀的音乐教师可以不是优秀的音乐家，但必须是优秀的教师，让每一个幼儿在音乐艺术的学习中获得创造意识、创新概念及音乐潜能的开发，并终身受益。

模块二
幼儿园音乐教育活动的设计理念

项目一　依托世界三大音乐教育体系

书中的所有案例在编写过程中结合了奥尔夫音乐教学法、柯达伊教学法以及达尔克罗兹教学法，这三大音乐教育体系所呈现的不同教育理念及教学内容，在相互作用下能很好地促进幼儿音乐游戏活动的顺利完成。关于三种音乐教育体系的具体内容，简要阐述如下。

任务一　奥尔夫教学法

奥尔夫音乐教学法是当今最著名、应用最广泛的音乐教育体系之一，它是德国作曲家、指挥家、音乐教育家卡尔·奥尔夫所创建。奥尔夫出生于慕尼黑，自幼受良好音乐教育的熏陶，对音乐和戏剧有着浓厚兴趣，这为他成为一个伟大的音乐教育家和音乐剧大师奠定了基础。奥尔夫与他的同事在20世纪20—30年代于慕尼黑创办了一所集音乐、舞蹈和体操为一体的学校，任教期间研发了奥尔夫音乐教学法——一套独特的音乐启蒙教学体系。

一、教育思想

提倡“原本性”音乐教育：将音乐、动作、舞蹈、语言、游戏、创作及其他融为一体进行音乐教学，引导学生积极参与音乐活动，让他们在轻松愉快的氛围下自然而然地将音乐融入内心，达到音乐与内心的交流。

（一）主张综合性

这里的综合性是指音乐教育形式应是融音乐、舞蹈、语言为一体的整体艺术。奥尔夫认为：表达思想和情绪是人类的本能欲望，并通过语言、歌唱（含乐器演奏）、舞蹈等形式自然流露是人原本固有的能力，也是最接近人心灵的。只有让学生通过原本的唱、走、动、说为一体的综合艺术，找回人类抒发情感最直接、最生动的方式，才能触及人们的内心深处。

在奥尔夫音乐教学中，儿童在演唱、演奏的同时，还要结合朗诵、舞动、游戏等活动让其乐此不疲地投入音乐学习当中。同时这种综合的教学过程，不仅培养了学生的音乐能力（音色识别、旋律记忆、乐器演奏、曲式认知等）、自身素质（反应能力、交流能力、合作能力、协调能力），还增强了学生对音乐的情感体验。

（二）重视即兴性、创造性

因孩子的生活经验没有受太多社会影响而定型，所以即兴创造是他们内心的本能反应。奥尔夫强调要积极引导孩子们去发挥这种天然的、具有对音乐创造性的即兴反应，即在孩子们看到一幅图画后，他们可以根据自己的理解用音乐去表达，通过简单的乐器即兴演奏，没有乐器时他们可以用手、脚、筷子、报纸等代替乐器进行演奏，充分体现对乐器的创造性。

所以奥尔夫音乐教学法不是一种固定的、封闭性的“条条框框”，它的整体内容和方法都鼓励和启发人们自己去创造和安排，不建议给孩子现有的东西，也不提倡灌输式的教学，而是通过引导和启发让他们自己发挥想象能力、创造能力。

（三）强调实践性

奥尔夫认为“原本性”的音乐教育是“人们必须自己参与音乐，不是作为听众，而是作为演奏者参与其间”。所以他强调音乐学习的过程中，让学生通过亲身实践的音乐活动，实现联想、情绪感受等情感心理的体验，真正达到音乐与内心对应与交流。

（四）强调本土化

在奥尔夫的音乐教育中提倡从学生所熟悉的语言、文化、艺术等本土化环境出发，从学生最熟悉的生活中去取材来进行音乐教育，这样做不但能增加学习兴趣，也有利于学生的学习和成长，使音乐教育达到一个良好效果，同时还能使本土民族文化得到很好地传承和发展。奥尔夫教育理念之所以被人们广泛认同，其中一个重要的原因就是奥尔夫强调从本土文化出发，尊重各种文化形态的存在。

（五）面向全体

奥尔夫音乐教学不仅仅针对儿童，也面向所有人。奥尔夫认为，任何人都应该接受音乐教育，而奥尔夫教学方法适用于所有人。

二、教学理念

奥尔夫音乐教学法以其“原本性”闻名，采用自然的教学方式，旨在积累学习者的音乐经验，开发学习者的音乐潜能，其中“探索”和“体验”是奥尔夫教学法的关键要素。这两个要素激活了学习者的想象力和创造力，将他们带入音乐学习的乐趣中，发挥他们在音乐学习方面的潜力，积累学习经验。

奥尔夫提倡从人的本性和本能出发进行教学，他用各国民谣、儿歌作为教材，以“节奏”与“说白语言”作为教学基础，用游戏配合奥尔夫乐器设计出综合音乐课。学生在教师引导下，自然习得从模仿到即兴创作，从简易到复杂，从部分到整体，将教师交予的音乐作品“种子”（元素）培养成大树，遵循种子精神，从一个很小的动机开始，不断地叠加活动，最后呈现出一个完整的教学活动。

三、教学目标

奥尔夫关注音乐教育对人发展的巨大作用，通过音乐学习挖掘人的内在潜能，帮助学生积累音乐经验，发展其潜在的音乐性，培养健全的人格，发展丰富的创造能力为最终目标，让幼儿在音乐游戏和即兴创造中充分体验音乐。

四、教学内容

（一）节奏教学

奥尔夫教学将节奏作为音乐学习的重点，用简单的身体动作，从单拍子一拍一拍开始，速度由慢渐快，循序渐进导入要学习的节奏模式。节奏语言是进入曲调的基本教学活动之一，将儿童生活中所接触的耳熟能详的说白、童谣、游戏、 吟诵等作为歌唱的教材，由单字到词汇甚至到句子，通过模仿和重复练习让学生体会音乐，进而了解音乐的基本要素，包括规律性的节奏、变化节奏、音的高低概念以及轮唱 模式的练习，经由乐器伴奏知晓初步的和弦概念。

（二）唱游活动教学

奥尔夫主张在学习规范的唱法训练前，感受肌体、发声器官，感知自我的生理特征。通过游戏式的方式进行嗓音、呼吸训练，探索和发现与嗓音相关的身体感受。进入正式的歌唱教学时，常常从节奏、语言入手，由乐汇延伸到乐句，进而到整首歌曲。这些儿童的小曲通常还伴有游戏，让儿童沉浸在游戏中感受音乐。

（三）演奏乐器的教学

这里的乐器包括身体乐器、各类打击乐器以及音条乐器的独奏和合奏形式。身体乐器是指捻指、拍手、拍腿和跺脚四种基本的身体打击动作，当然我们也可以再发明，将这些声音运动模式作为诵读或唱歌的伴奏纳入器乐合奏，体验其中的乐趣。

小型打击乐器是课堂教学中应用最广泛，也是最简便的乐器，它不仅仅训练节奏感，也训练音乐中的其他元素，如音量、音色等，同时还有曲式结构及乐理认知、读谱都可以利用打击乐器来学习。音条乐器常以固定低音为伴奏，用一个曲调的主音与属音为伴奏模式。

（四）即兴创作

即兴创作也是教学重点之一，刚开始教师只弹奏固定低音，学生自由创作配合同调性的简单曲调，采用卡农轮唱的方式加上伴奏乐器使学生学得快乐且有成就感。

五、奥尔夫乐器分类及特点

奥尔夫乐器大致分两类，第一类为无固定音高的敲击乐器，即我们通常称的打击乐器；第二类为有音高的音条乐器，一般是从乐器制作原材料和音色特点来进行分类的。

（一）打击乐器

皮革类：鼓类，常用的有手鼓、铃鼓、小军鼓、大小堂鼓、大军鼓、架子鼓、排鼓、定音鼓等。乐器特点：由于一般鼓类都是由皮革蒙在有共鸣体的圆桶上做成，因此乐器最大的特点是有较强的共鸣声，音量较大且低沉、浑厚。一般做低音声部，在强拍上给人一种稳定感。

木质类：用竹木制作，常用的有单响筒、双响筒、响板、梆子、木鱼等。乐器特点：声音清脆、明亮、短促无延绵音，颗粒性强，在教学中常敲打一些节奏较复杂、速度较快的节奏型，常担任“旋律声部”。

金属类：用铜等金属制作，常用的有三角铁、碰铃、锣、钹等。乐器特点：三角铁、碰铃等，延绵音长、声音明亮、穿透力强；锣、钹类音量较大，在合奏中使用要特别小心，一般作为特色乐器使用。课堂上大量使用的是三角铁、碰铃，它们音量较小，不宜用在强拍，又因有余音，颗粒不清，不易演奏音符多而速度快的节奏型，避免在音响上混作一片。

散响类：这类乐器是根据发音特点命名的，如串铃、西斯特是以摇动许多小铁片发声的；铃鼓是摇动鼓使其环边的小铁片哗哗作响，还有竹、木制成的各种沙锤。乐器特点：音量小，声音细碎，在打节奏时比较难控制，一般不宜做强拍和较快而复杂的节奏型，适用于长音演奏，对感受音的长度来说是比较理想的打击乐器。

（二）音条乐器

钟琴：钟琴是将金属琴键置于木箱上，以琴棒敲打产生旋律。它可奏出单音和双音，音响明快悦耳，音色优美清脆。它的余音长而响亮，发音极美，很像钟声。

金属琴：金属琴也称为钢片琴。它的音条比钟琴更厚更大，一般分为高、中、低音三种。由于制作材料及配有共鸣箱的缘故，它的延音强烈持久，声音柔和且具有神秘色彩，避免演奏快速音符。

木琴：木琴由一套长方形小木块组成，凭借木块的长短按照一定的次序排列而发出不同的音高。演奏时以两个木制的小槌在木块上敲击，发出的声音略似骨头、冰块等物品的碰撞声，音质冰凉清脆，无余音。

六、教学法的基本原则概要

第一，一切从儿童出发是奥尔夫音乐教学法的首要原则。

第二，儿童通过亲身实践，主动学习音乐是奥尔夫教学法的又一个基本原则。

第三，培养学生的创造力，也是奥尔夫音乐教学法的归结点。

本书在制定具体教学案例时，遵循了奥尔夫的基本教育思想，如为外国民歌编配中文新词，实现奥尔夫所提倡的语言、文化、艺术本土化，将奥尔夫乐器带入唱游环节，提高幼儿创造力及音乐乐趣。

任务二　柯达伊教学法

佐尔丹·柯达伊是匈牙利著名作曲家、哲学家、音乐教育家，以他的名字命名的柯达伊教学法是当代世界影响深远的音乐教育体系之一。

柯达伊的教育体系有着深刻的教育哲学思想，有着高标准的艺术、审美要求，并且探讨了一系列音乐教育观念和实践中的根本问题。柯达伊在几十年中为了不同程度的孩子写了上千首歌曲、读谱练习曲，在匈牙利被称为“黄金储备”，从 20 世纪 60 年代起，柯达伊教学法迅速传播，遍及欧洲、美洲、亚洲、大洋洲许多国家。

一、教育思想

“让音乐属于每个人”“音乐将伴随每个人的生存与发展”是柯达伊教学法的重要思想。音乐应该属于每一个人，而不是只属于少数的音乐精英。柯达伊认为匈牙利的音乐教育不能只培养少数的专业音乐人才，而是希望通过音乐教育提高民族素质。他说：“能被教授基本的音乐元素是每个公民的权利，也就是要把进入音乐世界大门的钥匙交给他们。能打开千百万个耳朵和心灵并使他们能够享受古典音乐是一件多么伟大的事！”

他认为音乐和人的生命本体有着密切的关系，人的生命中不能没有音乐，没有音乐就没有完美的人生。他坚信音乐有塑造性格甚至改造人的力量，对人终身情感的影响是任何语言都难以代替的。他还指出，对音乐的学习应淡化和抛弃功利性目的，“如果不把音乐当成谋生的手段，那么生活将更加美好”是他著名的教育箴言。学校音乐教育首先要牢固地建立在民间音乐基础上，这是柯达伊教育思想的重要原则之一。柯达伊相信，经过几年的技巧训练，孩子们所能够达到的结果可以用最苛求的完美艺术标准来衡量。

二、教学理念

人人都应该有接受音乐教育的权利和义务。柯达伊的音乐教育方法是以儿童为中心，用循序渐进的方式进行教学。这种教育方法不是“方法”，而是一系列的指导方针。柯达伊和大多数音乐家一样，认为音乐是一种语言，有的人说得不好，有的人说得很好，柯达伊教学法的目的是让所有人都能把“音乐语言”说得好。

柯达伊认为音乐是学校中最重要的教学科目之一，音乐教育应及早开始，从幼儿园时期开始。幼儿园能够为儿童提供一个集体创造音乐的环境，把民间歌曲和歌唱游戏曲作为幼儿园音乐活动的主要素材，用歌唱联系着动作和活动，不仅能使儿童消除紧张和不安情绪，体验游戏带来的欢乐，还能引导儿童通过听、唱感受音乐，唤起他们对音乐的兴趣，获得审美感知。

（一）依据儿童发展特点教授音乐知识

柯达伊以儿童“自然发展法”作为课程安排的主要依据，根据正常儿童在其成长的各个时期中的能力来编排课程的顺序。他总结了儿童音乐发展中的一般特点，考虑教学顺序时应该予以参考：（1）儿童的音域是有限的，一般不超过六度，半音较难唱准；（2）下行音调比上行音调容易唱；（3）跳进比级进容易唱准；（4）五声音阶比七声音阶容易掌握。

（二）依据儿童心理特点教授音乐知识

柯达伊教学法的“自然发展法”特点，从儿童“好玩、好动”的心理特点出发，结合学生已有的生活经验，从节奏入手，通过语言、动作、舞蹈、表演、音乐游戏等方式训练学生的音乐节奏感，引导他们用自己的身体动作、表演、游戏、图画等形式去解释、再现音乐，这些方法的优点在于以极其自然、巧妙的方式将学生引入音乐的宫殿，激发了学生学习音乐的浓厚兴趣。这些做法较之传统的以强制手段，用灌输式、填鸭式教授学生唱歌，强迫学生死记硬背乐理知识有着本质不同。我们要彻底改变传统应试教育的观念，将音乐教育提升到培养国民素质的高度上来认识。

（三）歌唱是音乐教育的基础

柯达伊认为“儿童唱歌和说话同样的自然，通过唱歌这一人人都能从事的活动，能够使孩子们的歌喉日臻完美。而唱歌教学的展开可以不受儿童发展水平和客观物质条件的限制”。这成为柯达伊音乐教学体系中的重要教学内容。这种方法要求教师首先教孩子们唱歌，通过唱歌来教授他们理解音乐，走入音乐世界。每个孩子都有权通过唱歌学会如何用音乐的方式来表达自己。

在柯达伊教学法中合唱教学占有十分重要的地位，儿童一般从幼儿园开始接受二声部的视唱训练，逐步过渡到正规的合唱，最后到无伴奏的演唱，经过一系列过程后，学生可以开始获得对所有音乐家来说必不可少的技能：音乐记忆、内心听觉、音准及和声听觉。

（四）民歌应作为音乐教育的基础教材

柯达伊认为，“民间传统的使命不在于为人民的音乐生活提供一个内容，它与生活仍有密切的联系，它含有一个伟大的民族音乐文化的精髓和形态”。其中民歌的延续必须回归到人们的生活，成为人们朗朗上口，传唱的音乐，而最有效的途径就是通过音乐教育。儿童是民族的未来，民间音乐文化是民族本质最完美的音乐表现，也是培养良好艺术趣味的基石。让儿童从小就了解和热爱自己民族的音乐，不仅可以不断积累民族语言，更是增强民族意识，培育民族情感的过程。

三、教学目标

第一，培养社会技能和艺术才能平衡发展的儿童。

第二，使儿童能具备良好的音乐听觉，有足够的音乐知识，有良好的内心听觉。

四、教学手段

（一）首调唱名法

首调唱名法最初由英国人圭多在 11 世纪初叶首创，唱名法里“Do”的位置是可以移动变化的，但各调式音级却有着确定不变的唱名，这种唱名关系能使儿童更清晰地感受乐曲中各音的级数关系，帮助儿童很快学会读谱。这种唱名不仅表示了音高，也建立了音级的倾向感觉及调性基础，如当儿童知道小三度（mi—sol）这一基本音调后，便能在乐谱的任何一个调中把它们读出来。

（二）节奏唱名法

采用法国视唱练耳中所用的相似的音节系统，并用符干记谱，用特定的音节来代替特定的时值，每一个节奏都有一个实名，比如切分、三连音、十六分音符，这对在开始阶段帮助儿童速记节奏是有益的。采用这种方法使节奏时值“符号化”具有可读性，改变了一般教学中节奏只有在联系了音高时才能听到时值的情况。训练时可通过口读、手拍、直接与节奏时值相联系等方法，便于进行单项训练。

儿童初学阶段，教学中教师不进行四分音符、八分音符、全音符等抽象概念的讲授，而是通过音节的变化使儿童从感性上体验、识别，从而使枯燥无味的节奏训练在欢愉的情绪中加深认识和理解。教学中不强调使用钢琴，节奏训练的开始阶段主要使用拍手或轻击乐器等简便易行的方法。这种方法可以使学生更容易听记节奏，同时又能使学生对各种音符的组合形成正确的概念，提高听辨节奏的能力。

（三）节奏字母谱

这是运用节奏和字母进行组合形成的一种简易乐谱，其作用是辅助节奏与音准练习，易于初学者进行书写，对培养儿童听觉、理解和掌握首调唱名法中音级之间的关系、建立调式音阶概念等起到辅助作用。如下例：

（四）手势的运用

柯尔文手势是柯达伊教学法中的一个组成部分，手势是 19 世纪 70 年代由优翰·柯尔文首创的，所以称之为“柯尔文手势”。

该手势借助七种不同手势和在身体前方不同的高低位置来代表七个不同的唱名，在空间把所唱音的高低关系体现出来。它是教师和学生之间进行音高和音准的调整、交流的一个身体语言形式。教师做的每一个手势都与音高有关，如“Do”在腰部，“La”在眼的高度，引导学生观察手势掌握音准。手势图如下：

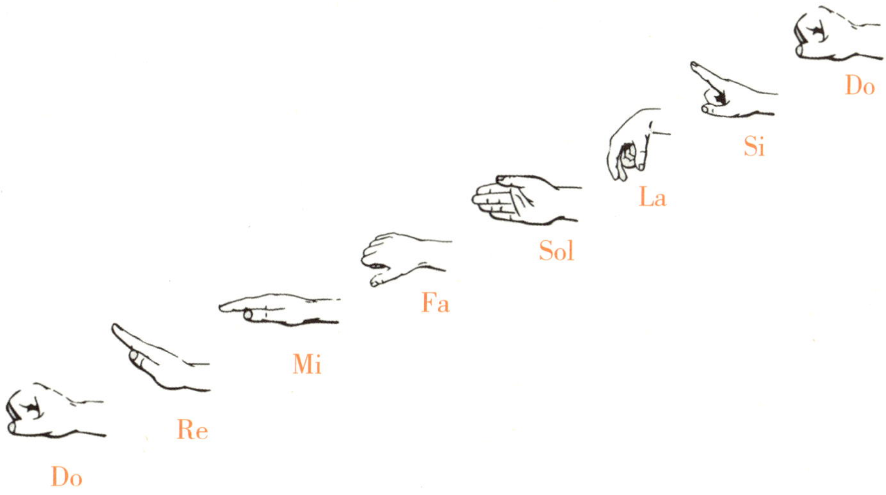

（五）手指谱

当你张开手指，将手掌横放，这时的手指变成了一个五线谱，五根手指便是五线谱上的五条线，帮助学生在视觉上更好地认识五线谱的好方法。

五、教学法的基本原则

第一，民间音乐在教学中应占有突出重要的地位。

第二，民族五声音阶应作为儿童音乐学习的起点 。

第三，以歌唱作为音乐教育的主要手段。

第四，歌唱教学以无伴奏歌唱形式为主。

本书在制定具体教学案例时遵循了柯达伊教育的基本原则，将歌唱部分作为教学体系中最重要的教学内容。柯达伊与奥尔夫所共同提倡的，幼儿应在音乐活动中获得趣味与享受，在我们的案例中也做到了时刻贯穿体现。

任务三　达尔克罗兹教学法

爱弥尔·雅克·达尔克罗兹瑞士作曲家、教育家，他毕生探索音乐课程的改革，设计各种练习，把视唱、练耳和读写乐谱的活动与肌体动作结合起来，于1894年出版的《实用音准练习》为其教学体系的创立奠定了基础。

达尔克罗兹感到听力训练并不能保证学生对音乐的深刻体验和把握，他认为这些练习还缺少一个环节，即训练学生把握介于振动与感觉、情感与思维、控制与本能反应、想象与意志等因素之间内在联系的内容，而这些正是音乐家所必须具备的。他认识到，人体本身正是音乐表现媒体的有机组成部分，音乐的节奏和力度的表现可以依赖身体的运动来实现，人体运动与音乐之间存在着内在的、紧密地联系。音乐本身离不开律动，而律动和人体本身的运动又有着密切联系。因此单纯地教音乐、学音乐而不结合身体的运动是孤立和不全面的。基于这个认识，他通过一系列听力活动与身体反应相结合的训练实验，发现了音乐教育需要“动觉”这一环节，并在此基础上创建了“体态律动学”。当下体态律动教学已超出了音乐范畴，广泛地应用于舞蹈、戏剧、绘画、运动等方面的训练，被世界各类艺术学校、普通学校，康复医疗、音乐治疗机构等领域所接受。

一、教育思想

达尔克罗兹教学法的哲学思想来源于希腊哲学对人体身心平衡的推崇，早在古希腊时期，人们就已经意识到身心平衡发展应是教育的追求。像希腊的体操训练不仅注重人的身体健康，更注重力量感与美感。而音乐和体育是同等重要的，柏拉图曾提出，音乐和体育的教育关乎人的身心平衡。音乐中的和声使身体协调一致，韵律使身体有了节奏感，两者相结合、互为补充，相得益彰。

达尔克罗兹将古希腊人对音乐与律动的理解带入现代社会。他认为人体本身就是乐器，并且是人的第一件乐器，把听到的音乐再现出来，以身体为媒介进行音乐聆听、感受、欣赏、创作是最自然的启蒙，是发展和完善流畅的节奏感的最佳途径。

达尔克罗兹体态律动教学模式强调对韵律的感受，从简单的运动向复杂的运动发展，是一种身体运动外在向内在的转化。因此要进行音乐训练，只训练耳朵、嗓音、手指是不够的，必须练好人的体态、姿势及各种形体动作。然而，单教儿童用手指弹奏乐器也是不够的，首先必须启发他们进入产生乐曲的激情中去，把乐曲的感情化为具体的动作，节奏和声音，聆听与动作的有效结合以达到唤醒天生的本能，建立身心的和谐，使感情传达更加细腻敏锐。

二、教学理念

达尔克罗兹音乐律动教学体系被誉为“一场音乐教学的技术革命”。这一教学法将学生从传统“课桌椅”模式中解放出来，以身体律动的方式重构音乐教学，开创了现代音乐教学法的先河，深刻影响了全世界的艺术教育。

从教学形式上看，这一教学是在移动的空间中进行的，身体自由地活动与音乐密切联结，动作是即兴表达具有非程式化、非规定性的特点。体态律动也不同于舞蹈，它是以身体作为乐器，通过身体动作体验音乐节奏的速度、力度、时值变化，以培养学生利用听觉获得轻松、协调自如的节奏感为目的。达尔克罗兹体态律动教学法一改传统专业音乐教育机械式、技术式、抽象化的教学模式，通过身体动作，体验音乐节奏的速度、力度、时值变化，找寻音乐的韵律，以“动起来”的理念与方法开启了现代音乐教学法的新历程。

达尔克罗兹教学法通过这样的教学方式，让学生愿意主动感受音乐中的律动和节奏，建立身心的和谐，使音乐不仅仅停留在表面的演奏和演唱中，而是将音乐浸入体内，渗入灵魂。体态律动教学法也启发了众多音乐教育家的创造力，相继涌现出奥尔夫音乐教学法、柯达伊音乐教学法等世界著名音乐教学体系，其精神内核与实践方式已融入世界各地的艺术教育中。

三、教学目标

传统教学法关注知识的讲授，机械式的技能技巧训练，现代教学法则更加注重体验，互动与生成，是“以人为本”的音乐教学法。在教学过程中，教师只是课堂的伴随者和引导者，不是主导者，每个学生在课堂中都会受到尊重与关怀。同时，教师与学生是“促进者”与“学习者”的对等关系，这也是一种促进学习的心理氛围因素，更好地让教师对学生具有同理心和无限的真诚，接纳与关注，学生也能更加积极大胆地参与课堂，并对教师的课堂教学有强烈的反馈。

达尔克罗兹音乐教学法推崇培养“完整的人”，而不是只知道机械弹奏乐器，学乐器只为了一纸证书，对音乐毫无感情的人。这也体现了人本主义学习理论的教育理想是培养“躯干，心灵，情感，心理融为一体”的人。

四、教学内容与教学手段

达尔克罗兹是一种有趣的体验式音乐教学方法，通过体态律动、视唱练耳、即兴创作来唤醒、发展和完善先天音乐性的过程。从体态律动开始，经由视唱练耳走向即兴，三个分支既独立又相互融合，互为补充，均以“动”为首要特征。这三个重要内容培养了学生的内心听觉、运动觉和创造性的表现能力，共同构成了一个培养人全面音乐素养的有机整体。

（一）体态律动

律动一词最早由希腊语变化发展而来，原意为“美好、平衡、调整、富于节奏”，后被称为音乐动作，多指人们听到音乐能够按照节奏的特点和音乐的情绪用形象化、节奏化的形体动作表达对音乐内容的理解。

体态律动，本义为“伴随着音乐身体做动作”，而在达尔克罗兹音乐教学法中，体态律动有着更丰富、更独特的内涵。由于其独创性和科学性早已被人们公认为是卓有成效的音乐教育手段，并成为独立的学习领域，但是达尔克罗兹本人更愿意把他的音乐课程作为一个整体来看待。

节奏训练是体态律动的中心内容。根据达尔克罗兹的理论，体态律动的目的就是“借助节奏来引起大脑与身体之间迅速而有规律的交流”。通过这种交流，达到情感与思想、本能与控制、想象与意志之间的协调发展。为了训练、培养学生的节奏意识，达尔克罗兹归纳了30余种基本节奏因素，并以“时间—空间—能量—重量—平衡”作为基本定律和要求，这些节奏因素包括速度、力度、重量、节拍、休止、时值、节奏型、切分、复合节奏等。

其教学方法如下：在开始阶段，主要使用即兴音乐材料。最好是使用那些包含学生已学过的音乐要素的即兴音乐。在学生对音乐的要素有了一定了解后，再用经典音乐作品，通过律动语汇来学习。律动语汇有两种类型：一种为原地动作类型，包括拍手、摇摆、转动、指挥、弯腰、旋转、语言、唱歌等；另一种为空间动作类型，包括走、跑、爬、跳、滑、蹦、快跑等。这两种类型可以任意结合，组成各种形式，比如这些动作可以和身体的高、中、低位置结合，也可以用身体的头、身、臂、手、脚等各个部位与歌声的动作、体感、表演等相互配合，以表示不同的节奏、旋律、和声、复调、曲式等。

通过上述学习，教师可让学生把声音的内在性与运动结合在一起，拓展内部听觉和动觉等，强调“音乐是动的艺术”，音乐进行必须反映其断、连等典型特征，动作应有乐感，如“走”的练习，一般从教速度开始，让学生按规定速度走路或摇摆，然后加上喜、怒、悲、惧等感情，速度不能改变。还要探索不同的方向感，如向前、向后、向右等，探索紧张和放松的感觉，想象在水中、泥沙中划动手臂和脚等；探索不同的走路方式，如并跳、跑跳等，启发学生想象。

（二）视唱练耳

达尔克罗兹教学法的视唱练耳教学包括上千种练习，其主要目的是学习音阶、调式、音程、旋律、和声、转调、对位等。正如体态律动把耳朵和身体作为学习节奏的“乐器”一样，视唱练耳教学是将耳、口与身体，加上言语与歌唱等形式来作为理想的学习工具。

达尔克罗兹将体态律动教学方法也应用于视唱练耳教学中。为此，他设计了一系列练习来训练学生的音高、音准和调性感。此方法还通过练习呼吸、姿态平衡和肌肉放松来实现快速读谱所需的技巧。

（三）即兴创作

达尔克罗兹教学法的即兴创作教学，其目的是以一种想象的、自发的和个性表现的方式，发展使用律动材料和声音材料的技能来培养学生创作音乐、表现音乐的能力。即兴创作有很多手段，包括律动、言语、故事、歌唱及各种乐器演奏。最初的即兴创作课可以把一个故事改编为律动、音乐或反之，过程中教师让学生自己去发现，教师随时根据学生的反应来改变原来的节奏和音响材料。律动课和视唱练耳课的内容也可以用于即兴创作课的学习，例如让学生即兴创作或弹奏带有各种休止符的音乐等。

五、教学法的基本原则

达尔克罗兹教学法培养学生感知音乐和反应音乐的能力。儿童学习音乐，其感知反应能力的培养主要通过音乐游戏和节奏反应进行训练，随后不同年龄段的学生通过身体律动来培养其音乐能力。拓展学生内在的音乐感觉，即拓展学生的内在听觉和动感。在律动教学中，学生会根据所听音乐，把时间、空间和能量内在地结合在一起。例如，对儿童教学时，可让他们在乐曲中走步，乐曲结束时，要求到达某一预定位置，这样儿童便学会了对时间和空间的把握。器乐演奏教学也可如此，当使用节奏乐器演奏节奏型时，教师应事先引导学生感觉音符时值之间的联系，为演奏做准备，学生通过迅速浏览乐谱，在心中建立起速度与节奏概念的联系，拓宽对时间、空间和能量相联系的内在感觉。

达尔克罗兹教学法培养学生耳、眼、身体和脑之间进行迅速交流的能力。由于体态律动需要参与者的动作与音响保持同步，他们用来听音乐的耳，视谱的眼，运动着的身体，将其对音乐的理解、反应迅速传达到大脑，即在身体与大脑之间建立起一种持续而紧密的联系。这就使得聆听变得尤为关键，学生需要通过听觉接收音乐，通过动觉感知自身的动作。在这个过程中，学生的耳朵、身体和大脑都必须保持警觉的接收状态。

在我们的教学案例中，每个课例中都保留了律动部分，如达尔克罗兹所说，音乐的学习不可止步于听力、演唱、手指演奏，全身的律动可以更好地释放音乐的个性与情感，这是最直接最有效的表达方式。在每个案例的律动环节里，幼儿通过一系列的动作更好地感知音乐的快慢、轻重，深入参与歌曲的情节、情感，最终在音乐中得到更多乐趣和良好的体验感。

项目二　幼儿心理阶段性发展及目标设置

任务一　幼儿心理阶段性发展描述

我们在制定教学方案时，不仅要了解幼儿学习目标、教师职责、教学重心以及音乐启蒙教学法，还需要从幼儿的生理发育层面去进行考虑。瑞士儿童心理学家让·皮尔杰在他的儿童心理发展阶段理论中，将儿童的发展分为以下四个阶段。

第一阶段：感知运算阶段（Sensorimotor，0—2 岁）——认知能力的初步发展时期。

第二阶段：前运算阶段（Preoperational Stage，2—7 岁）——开始拥有学习，有简单的思考活动。

第三阶段：具体运算阶段（Concrete Operational Stage，7—12 岁）——有逻辑地思考

并意识到个体之间的不同，逐步开始了解并接纳他人的观点，进行有效沟通。

第四阶段：形式运算阶段（Formal Operational Stage，12 岁以上）——抽象思维的发展与完善，理解事物发展有多种可能性，思维逐渐具有更大的弹性和复杂性。

皮尔杰这一理论在教育实践领域中获得了广泛的认可及应用，特别是在幼儿音乐启蒙教育之中。音乐启蒙的黄金时期为 3—6 岁之间，即儿童心理发展阶段理论中提及的前运算阶段。皮尔杰认为这一阶段中的幼儿思维模式有两个明显的特点：第一是思维单一，集中于某一事物而忽略其他方面；第二是未意识到个体之间的区别，倾向于从自己的角度出发去看待事物思考问题。教师在认识到幼儿这一阶段的特性后，可以帮助其更好地编排出符合幼儿身心发展的音乐启蒙课程。

英国当代音乐教育哲学家基斯·斯万尼克倡导“以审美为核心的音乐教育”，他的音乐教育哲学思想和音乐教育理论对国际音乐教育界有着广泛的影响。他认为，既要承认音乐存在共性，也要承认它存在个性，不可以以单一的审美方式去衡量世界上所有的音乐；音乐的学习不仅仅是“读谱”，更应该重视对音乐的表达，在理解音乐的基础上，结合自己的经验和感受去赋予音乐新的意义。同时，每个学生都有个性化差异，教师的职能不光是传授音乐知识和演奏技能，更应该为学生提供聆听、表演和创作的机会，培养其个性及创造力。同样主张“以审美为核心的音乐教育”的还有美国著名音乐教育家贝内特·雷默，这一思路推动音乐启蒙课程在立足于本土化、民族化的同时，逐步走向多元化及国际化。

任务二　幼儿心理阶段性目标设置要求

有了以上理论依托，音乐教师再根据美国学者洛克于 1967 年提出的目标设置理论，即强调目标会影响激励水平和工作绩效的理论，就可以策划及制定幼儿音乐启蒙课程了。但是在设定教学目标时，我们还应参考洛克给出的几点注意事项。

第一，目标要有一定挑战性，但又要在能力所及的范围之内。

第二，目标要具体明确，这可以使被教育的对象更专注。

第三，设定短期或中期目标要比长期目标更有效。

第四，要有及时反馈，了解自身向着预定目标前进了多少。

第五，应当对目标达成给予奖励，那么他们才会为实现目标而努力。

第六，应提供必要的支持，例如鼓励、所需材料、资源等。

由此可知，幼儿音乐启蒙活动的制定必须建立在幼儿实际水平的基础上，以适宜和促进全体幼儿的发展需要为导向。此外，在制定幼儿音乐欣赏活动目标时，目标的内容应该全面、具体，能够促进幼儿认知、情感、技能、创造等方面的发展。总之，教师在制定音乐欣赏活动目标时要考虑到不同年龄阶段幼儿的年龄特征，对 3—6 岁的幼儿提出不同层次的要求，依据低年龄阶段目标是高年龄阶段目标的基础，高年龄阶段目标是低年龄阶段目标的延伸和发展，建立完整的、有机统一的目标体系，由简单到复杂，由易到难，呈螺旋式上升的趋势。

项目三　歌唱在幼儿音乐教学中的重要性

任务一　了解歌唱的意义

在了解了世界三大音乐教学法之后，我们发现歌唱活动在各个体系中都有着举足轻重的地位，在幼儿音乐启蒙教育中发挥着极大的作用，是其他音乐活动开展的前提与基础。

嗓音是人类与生俱来的乐器，是走进音乐和鉴赏音乐的最好工具。歌唱这一表达方式影响着其他乐器的演奏，在最高级乐队的演奏中，弦乐器和管乐器就是在歌唱——歌唱般地演奏着旋律。而器乐演奏者们如果能自己先唱好要演奏的旋律，那么他们也能很好地演奏这部作品。

在我们的教学案例中，歌唱部分永远是不可或缺的一个部分。而在柯达伊教学体系中，最常玩的游戏之一就是用合适的曲调和节奏唱出每个孩子的名字，这个过程符合有关姓名自然发音的律动，因此过程也像孩子们的姓名一样不断变化。由于孩子们喜爱这个游戏，因此这是一个使他们记住音程和动机的极好方法。越早将孩子引入这样的节奏和旋律原理的练习，就越能牢牢地将这些原理记在脑海，这也是为什么尽可能要在儿童低幼时期就开始音乐训练的重要原因。作为一名合格的音乐启蒙教师，明白歌唱的意义，掌握歌曲的选择方式及教授方法都是必不可少的。

一、积极的心理意义

唱歌这一活动常常与愉悦的环境联系在一起。唱歌不仅可以表达积极的情绪，同时还能将快乐放大，其潜力远不止于此。古往今来，人们用歌曲来表达爱和希望：在西方国家中，人们通过赞美诗和圣歌去表达他们对生命的敬畏；在我国，有许多爱国歌曲表达了中华儿女对家国的热爱和赞颂。在当下社会，音乐在不同层面上给聆听者灌输希望，缓解情绪，点燃激情。

二、积极的社交体验

唱歌通常被认为是一种音乐体验，其实它应该是一种社交体验。人们在一起唱歌时通常会形成一种社会纽带，他们通过分享彼此的声音，互相倾听，合作协调，以个人独特的贡献去满足团体的需求。唱歌是一项丰富而复杂的活动，涉及高度的互动、语言和思维活动。在幼儿音乐启蒙的教学过程中，教师常将唱歌与文字辨识、故事诗歌以及律动游戏融合在一起，为孩子们提供了更多与他人分享和互动的机会。同时，幼儿可以在这个过程中学会支持和信任他人，提高为团体做出个人贡献的意识。

任务二　做好歌曲的选择

教学过程中教师如何为孩子们选择合适的歌曲便是一项非常重要的教育和音乐决定，具体需要考虑以下因素。

一、音乐的趣味性

曲目的选择是至关重要的，往往是孩子们对唱歌感兴趣与否的一个因素。孩子们的音乐偏好应该得到重视并包含在课程计划中，教师所选择的教学材料是从孩子们所知道、所喜爱的歌曲中挑选的不同风格、不同文化时期和地域的组合，以扩大其音乐体验。

二、音乐的功能性

在不同的场合选择与之匹配的音乐，例如在新的一天开始时选择用来打招呼的朝气蓬勃的音乐、为运动会热身时选择活泼的音乐、在特定主题或节日时选择相关的曲目等。

三、音乐的难易度

这里考虑的主要是演唱的音域和旋律走向、歌词内容和发音技巧的难易度。

音域。幼儿的音域会随着年龄的增长而发展，早期的演唱音域范围大概是小字组的 la 到小字一组的 la。

旋律。合适的旋律须从同音到音符彼此相邻再逐步扩大到包含小跳跃(音符非常接近，如三度音程关系)。随着幼儿的经验积累，可加入半音和大跳跃以及更复杂的节奏及和声。

歌词。歌词内容及发音都需要在幼儿的能力范围内，否则可能对教学的进度及效果造成影响。在某些新曲目中出现幼儿未曾接触过的新事物（例如不曾听闻的物体、人物、历史故事、文化背景等），教师需要提前做好讲解准备，尽量提供与幼儿生活有切实联系的线索进行介绍。

歌唱技巧。随着幼儿的演唱经验增多，教师才开始对音乐表达和声乐技巧做要求。

任务三　安排歌曲的教授

一、整曲教学法

整曲教学法在歌曲教学中最为常见及有效。我们通过引导幼儿从头到尾完整地聆听歌曲，来帮助他们快速了解音乐的背景、内容及意义。教师应鼓励幼儿在歌曲播放时集中注意力并有目的地倾听，经过此阶段，即使幼儿不能立即学会整首歌曲，他们也正在逐步接受音乐里的信息。通常幼儿会先学习音乐中他们认为有趣的段落，然后再慢慢填补剩余的部分。过程中，教师不立即指出幼儿演唱过程中的不准确和不完整部分，只在某些特别的段落提供帮助。

二、分句教学法

分句教学法，顾名思义，即将乐句逐个逐个进行学习，直到幼儿学会整首歌曲，最后将所有分句连接在一起。与整曲教学法相比，分句教学法可以帮助幼儿更准确地学习歌曲中的词汇及曲调。但当一首歌被分解成许多部分时，音乐流动性及整体性可能会脱节并受到破坏，教师应做好应对准备。

三、综合教学法

综合教学法，即将整曲教学法及分句教学法相结合，教师只需提前挑选出歌曲中的学习重点（例如一个发音较难的词语、复杂的节奏或跳跃的旋律），在整曲教学法进行的同时，局部使用分句教学法。这是一种恰当而有效的教学法，能让幼儿避免混乱、专注内容和改正问题。

任务四　歌曲教授中的注意事项

一、个性化的学习

通过歌词的内容来探索歌曲可以使音乐变得栩栩如生，教师应趁此机会为幼儿讲解音乐相关的文化历史背景，帮助他们更好地理解歌词，在演唱时增加画面感。鼓励学生分享他们在听完一首歌时所想象到的东西，实现歌曲的个性化和语境化。教师可以对幼儿进行启发性的提问，例如：“是什么让你这么想的？”“你去过（见过）那样的地方吗？那是什么样的？”等。

二、有目的地聆听

在我们教歌曲的任何阶段，都应鼓励学生倾听，而听的背后是更多的思考。例如教师可以在播放新歌曲前提问：音乐结束后我要问你听到了什么？音乐讲的是什么故事？这是一首什么颜色的音乐？音乐是快乐还是忧伤的？你认为你会在什么场合听到这样的歌曲？闭上眼睛聆听，想象你在唱这首歌时可能会看到什么（闻到什么？尝到什么）？

教师在指定教学方案时，需尽可能考虑将歌唱部分放置第一位，以此为基础去发展其他相关的音乐启蒙活动。但我们应注意的是，歌唱在音乐教育和教学中绝不局限于唱本身，更需要通过唱的歌曲去学习一切的音乐教学课题，这远胜过机械地、僵化地去学习。

项目四　幼儿音乐游戏的设计方法

任务一　明确材料的选择

音乐启蒙课程中的所有活动都是围绕“音乐”去完成的，所以我们首先需要认识的是，如何选择适合幼儿音乐启蒙活动的音乐。通常我们对“好”音乐的看法是主观的，所以在制订教学计划时，我们需从多个角度进行思考，例如文化背景、主题、风格、情节、是否具有挑战性等因素。如果音乐欣赏活动选择的材料是歌曲，需着重考虑歌曲的内容、形象、情绪应该是能为幼儿熟悉、喜爱和愿意接受的，歌曲中的歌词应该是幼儿能够理解的；如果选择的材料是器乐曲，则应选择有标题的音乐，以阐述一定的内容和情节，这样的音乐具有一定的图画性和戏剧性，有助于幼儿想象和联想，也便于教师在设计教育活动时找到幼儿熟悉和喜爱的形象。当然，有一些器乐曲，虽无标题，但旋律优美、节奏鲜明、结构单纯工整、长度适中，它们也可能受到幼儿的喜爱。

任务二　做好活动的编排

一堂音乐活动往往由好几个环节组成，具体到每一部分的编排应该注意以下几点：

一、音乐活动的关联性

音乐活动每一部分的设定最好有一定的关联性，并有共同的教学目标。例如在第63页的课例《女巫呼啦啦》中讲述的女巫故事，使幼儿充分了解人物形象的个性特点，并在第二部分的提问与互动中继续深化。随后教师提问与女巫相关的问题，引导幼儿对这一主题进行想象及思考。第三部分的演唱及乐器演奏环节，幼儿在重拍上敲鼓去感受重音。第四部分的音乐律动游戏则是让幼儿在同一重拍位置用力跺脚发声，起到再次深化重音的概念。音乐活动每一部分内容承上启下的逻辑顺序及教学目标的一致性，有助于提高幼儿的学习效率及专注力。

二、音乐活动的计划性

音乐启蒙课堂常分为几个部分，包括了解音乐背景、歌唱、律动、提问等，每一环节的时间需要细致把控，以防秩序混乱。教师具体可参考以《ABC字母歌》而做的教学计划表格。

教学周期：《ABC字母歌》第一课时。

教学目标年龄：3—4岁。

教学目标：26个英文字母，初步感知级进与跳进的音程概念。

教学手段：聆听《ABC字母歌》，歌谣朗诵，歌唱，三角铁、丝巾律动游戏。

表 2–1　教学计划表

时间	活动	所需资料
19：00（5 分钟）	播放《ABC 字母歌》，在歌声中介绍歌曲	《ABC 字母歌》音频
19：05（10 分钟）	学习第 1—14 个字母，帮助幼儿记住字母的模样，然后进行提问	字母形象卡片
19：15（8 分钟）	歌曲学习第一段	《ABC 字母歌》音频
19：23（8 分钟）	奥尔夫乐器探索：每位幼儿可选择 1—2 种乐器进行探索（即兴跟随音乐探索）	奥尔夫乐器
19：31（10 分钟）	律动游戏，感受级进与跳进的音程关系	《ABC 字母歌》音频
19：41（4 分钟）	总结学习内容	《字母谣》卡片内容
注：课前给家长发送《ABC 字母歌》音频预习，课后给家长发送《字母谣》音频复习及预习后面的部分		

三、音乐活动的灵活性

当然，课堂的进行往往不如计划中顺利，教师在面对低幼年龄的孩子时，课堂上教学手段一定要灵活。例如，课堂中通过缩短或删减环节来控制时长；在每节课后进行自我回顾，去修正及完善教学法；在备课时准备不同难度级别的教学目标，以便及时调整教学方向。

插入音乐相关的简易知识及技能。幼儿音乐启蒙教育以美育为主要目的，同时可适当进行知识及技能的补给，具体可从以下几个方面对幼儿进行教授。

第一，音乐作品的名称、主要内容和常见的表演形式。

第二，常见乐器的名称、音色及表现形式。

第三，理解作品的主要情绪、内容和结构。

第四，根据音乐作品展开想象，并用自己的语言去表达。

四、合理安排教学步骤

教师应根据所选音乐的内容特点和幼儿的水平，灵活使用以下方法，以激发幼儿参与音乐欣赏的兴趣。

（一）语言导入法

语言导入法是幼儿音乐欣赏活动中较常见的表现形式，即教师用一段有趣的语言或抒情性的描述来引起幼儿对音乐活动的兴趣。教师设计的语言与情节尽可能与紧接而来的音乐作品相呼应，使幼儿在这一环节中对音乐的轮廓有大致了解，为幼儿欣赏音乐打下基础。同时又应留出空间，让幼儿反复体验、欣赏音乐中的规律和变化，完善音乐形象。这样的做法既能激发幼儿欣赏音乐的兴趣，又能立即将幼儿带入设计的音乐情节之中，十分奏效。

（二）视听结合法

视听结合法是指在听的基础上，教师加入视觉感受去帮助幼儿提高学习效率。例如在教学过程中加入画面、图片、玩具、工艺品等材料，使抽象的音乐作品形象化，帮助幼儿感受音乐作品的旋律、节奏、乐句、音色、力度等要素。这一方法特别适合运用到欣赏较难理解的主题、不熟悉的形象的音乐作品中。

（三）主题提示法

主题提示法是将幼儿直接带入音乐作品的主题中，以此来激发幼儿参与欣赏活动的积极性。教师通过讲解、说明和提示，引导幼儿探索音乐当中的某段旋律是如何代表某个特定形象的，这种方式适用于音乐结构比较简单或音乐形象十分鲜明、有主题的音乐作品。

（四）对比欣赏法

在幼儿音乐欣赏活动中，教师可以引导幼儿聆听不同音乐作品，辨别音乐的不同情感和风格来发展幼儿的听辨能力和审美能力。此类教学法适用于较大年龄段的幼儿。

（五）串联教学法

将音乐欣赏活动的过程设计成不同的游戏环节，每一个环节重点解决某一方面的问题，当全部环节完成之后，幼儿便自然地了解了所欣赏的音乐作品，同时也获得了其他方面的有益经验。

五、完善课后指导

一堂完整的音乐活动课，除了要做好充分的课堂准备，灵活的课间进行，还有不可缺少的课后指引。针对低幼年龄段儿童的特点，为保障教学质量及效率，教师应在课后给予幼儿一定的学习指引，例如鼓励幼儿倾听日常生活中的音响，如花园与公园各种设施的声音、厨房中锅碗瓢盆的声响、马路上各类交通工具的声音、动物园里各种动物发出的声音、建筑工地上各种建筑机械的声音等。鼓励幼儿多聆听优秀的音乐作品，如优质的少儿歌曲、篇幅较短的器乐曲、童话音乐剧片段、中外著名音乐作品片段等。在家校的相互配合下，让孩子达到较好的音乐启蒙学习效果。

现在我们一起进入具体案例的学习环节。

模块三
实训项目

项目一 小班幼儿音乐游戏设计与指导

任务一 Hello 问好歌

朋友你好 我们抱抱

学习目标

1. 在学期起始之际，预热课堂，使老师及孩子之间有一个简单的初步认识。

2. 熟练掌握四种“你好”的说法。

3. 引导幼儿在对唱及齐唱的问句与答句中体会不同的乐趣。

4. “拍手与击掌”是最容易入门的“乐器”，也是这首曲子所使用的唯一伴奏“乐器”，掌握好其节奏韵律，为接下来的乐器使用打好基础。

课前准备

1. 一颗易于滚动的球，用于“音乐介绍及互动”里的游戏。

2. 伴随演唱，根据乐谱熟练完成拍手与击掌环节。

3. 查询并熟读问候语“你好”的多国读音。

4. 熟知第一部分中的游戏规则。

扫码获取本课资源包

一、任务介绍

大家好，今天是我们的第一节音乐课，我们要学习的曲子是《Hello 问好歌》。相信很多小朋友都知道如何去向其他人问好，也知道问好的重要性。日常生活中，我们会跟对方说：你好、Hello、早上好等（可引导孩子自己说出问候语），同时需要先称呼对方，如叔叔、阿姨、哥哥等（可引导孩子说出更多称呼），当遇到认识的小伙伴，我们便要叫出他的名字。所以，为了以后能跟小伙伴们打招呼，也能让对方跟我们打招呼，大家需要去认识及熟悉对方。现在我们来玩一个小游戏（孩子们围成圆圈坐好）：

从老师开始，随机把球推给任意的小朋友，并说：
“我叫 C 老师，你叫什么名字呀？”
接到球的小伙伴回答：
“我叫 ×××，你叫什么名字呀？”
并接着把球推给下一位小朋友。
以此类推，尽量使每个孩子都有自我介绍的机会。

请思考：

1. 你们觉得在跟别人打招呼时，应该是怎样的态度？
2. 我们在打招呼时，肢体动作是怎么样的？（招手？握手？鞠躬）
3. 生活中，我们常会在哪些场景与别人打招呼？（电梯里遇见邻居 / 商店里买东西 / 需要寻求帮忙时等，启发孩子们自行想象）

二、演唱与演奏

Hello 问好歌

美国童谣

陈一诺 填词编配

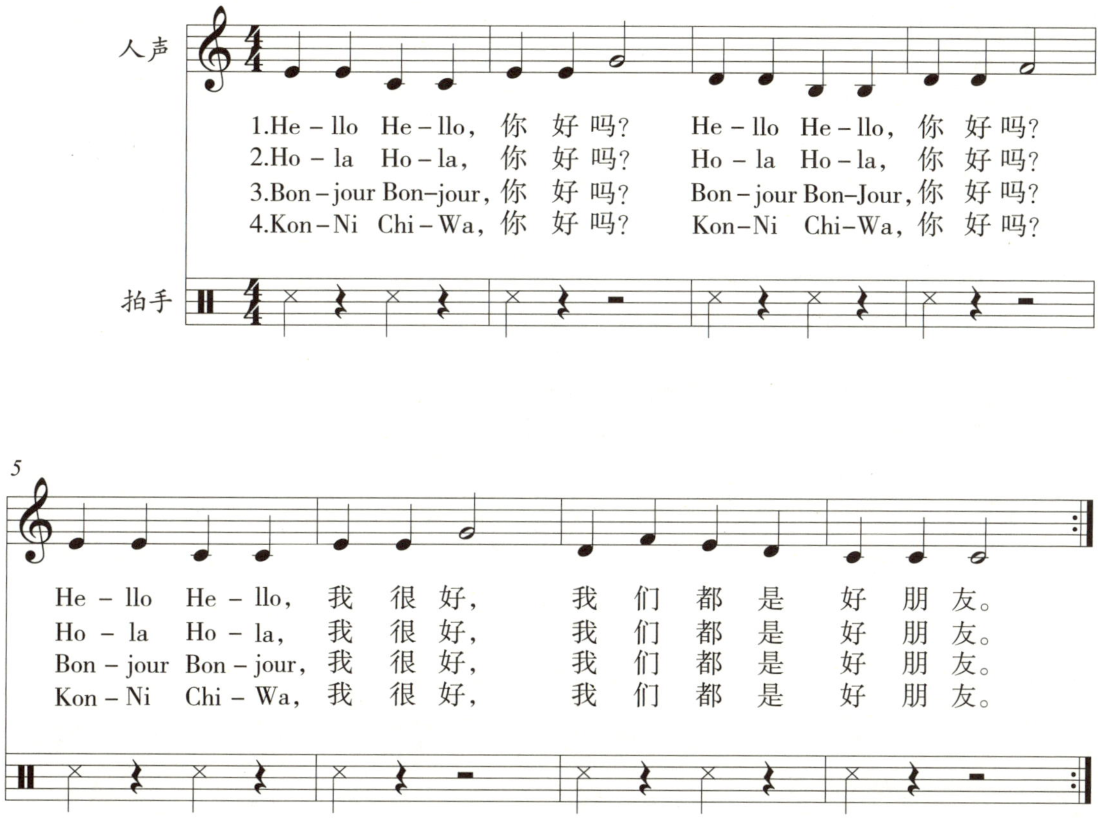

三、律动游戏

1. 身体律动游戏《Hello 问好歌》共 8 小节，4 段歌词，律动动作简单，能达到问候时预热气氛的目的。

2. 教师引导大家围成圆圈坐好，学生以两人（A&B）为单位坐好。

3. 前奏（4 小节）：大家身体随恒拍轻微摇摆。

4. 第一段歌词：第 1—2 小节，由 A 打招呼“Hello，Hello, 你好吗？”演唱时侧头回望小伙伴并挥手；第 3—4 小节，由 B 回应“Hello，Hello, 你好吗？”演唱时侧头回望小伙伴并挥手；第5—8小节，A和B转向大伙一起演唱“Hello，Hello，我很好，我们都是好朋友。”（在自然的方式下，完成对唱与合唱的学习）

5. 第二、三、四段歌词以同样的方式进行，注意“你好”一词的语言有所改变，教师要事先教孩子们拼读。

6. 复习课上教师可以将玩法进行延伸，把“Hello，Hello, 你好吗？”中的第2个Hello替换成某位幼儿的名字，如“Hello，希希，你好吗？”来活跃课堂氛围，增进小伙伴之间的交流。

四、任务拓展

1. 此曲学习时长建议2至3节课。这首曲子用作日常的问候歌曲，为教师与学生，或学生与学生之间加深认识起到很好的促进作用。

2. 此曲看似简单，学生想要做到随音乐节奏完成对唱及合唱也是一个挑战。在游戏环节可将此歌曲作为背景音乐，熟练后可根据歌曲的乐句在恒拍上做传球问好游戏。

3. 引导学生掌握四种问候语的读法，并对其国家进行介绍。

5. 学生在熟悉歌曲后，可在演唱中加入拍手等动作。

五、任务反思与总结

在完成本课任务后，你对“小班幼儿音乐游戏设计与指导”是否有更好的创意教学思路，写出你的教学规划。

任务二　形状世界

大千世界　形状多多

学习目标

1. 引导幼儿对图形有初步认知。

2. 引导幼儿感受三角铁、钢片琴的音色，并在钢片琴的演奏中感受 G 音在不同片段与其他旋律的融合。

3. 引导幼儿用身体感受稳定的恒拍。

4. 引导幼儿在器乐合奏中锻炼声部间的配合，从而感受 $\frac{2}{4}$ 拍的韵律以及四分音符与八分音符的时值区别。

5. 引导幼儿在“手臂操”中充分伸展上半身，使手臂肌肉得到锻炼。

课前准备

1. 三角铁、钢片琴或木琴（如器乐缺失，可选择其他乐器或使用拍手替代）。

2. 查阅“附录”中三角铁、钢片琴或木琴的规范演奏方式，并根据打击乐谱熟练演奏。

3. 准备各种形状的图片，辅助各环节的教学。

扫码获取本课资源包

一、任务介绍

今天我们要学的歌曲是《形状世界》。如果我们在日常生活中仔细观察，会发现很多形状都无处不在，例如圆形的杯子和花盆，方形的书本和桌子，三角形的交通提示标和旗子（此时可以启发幼儿去观察教室中一些物品的形状）。下面，教师为你们读一首诗歌，一起来听听这些《形状》之间到底发生了怎么样的小故事吧！

一个正方形，
在长方形的小屋外乘凉，
突然掉下一个三角形，
砰的一声，
把它的后背扎伤。
正方形疼得大喊大叫：
“我必须去看医生！”
于是一个过路的圆，
把它送到了医院。

——［美］谢尔·希尔弗斯坦

请思考：

1. 小朋友们，你们还知道什么特别的形状呢？

2. 小朋友们你们想一想，生活中有什么东西是圆形、方形、三角形的呢？（亲子探索：幼儿可回家与家长一起探讨，然后将搜索到的物品打印出来在复习课上分享）

3. 我们再想一想，物体的形状可以随意改变吗？（例如：轮胎可以变成方形吗？床和碗可以变成三角形吗）

二、演唱与演奏

形状世界

外国民谣

陈一诺　填词编配

三、律动游戏

1. 身体律动游戏《形状世界》共 8 小节，歌词有 3 段。

2. 教师引导大家围成圆圈站好，等待 8 小节的前奏，此前奏将会重复出现在段落的中间，在前奏及间奏播放时，大家只需跟随恒拍踏步。

3. 第一段关于圆形：大家手牵手举过头顶模仿圆形的弧度，跟随恒拍先左后摇晃身体。

4. 第二段关于方形：学生两人一组面对面十指紧扣，使手臂与身体构成一个长方形，跟随恒拍向同一方向耸肩抬手臂。

5. 间奏，大家松开手重新围成圆圈。

6. 第三段关于月亮：第 1—2 小节大家左手叉腰，右手手臂举高，身体弯向左侧跟随恒拍一下一下轻压。第 3—4 小节，右手叉腰，左手手臂举高，身体弯向右侧跟随恒拍一下一下轻压。第 5—8 小节重复第 1—4 小节的律动。

四、任务拓展

1. 此曲的学习时长建议为 2 至 3 节课。本曲旋律的最大特点在于单数小节是以四个八分音符构建的，双数小节是以两个四分音符填满的。器乐合奏时，教师需引导两个声部仔细聆听对方的声部，体会各种节奏的交错，初步感知八分音符与四分音符在节奏上的长短之别。

2. 教师可根据幼儿年龄适当加入更多图形来丰富课堂内容。视觉感对认识图形非常重要，教师可提前准备各类图形的图片以便加深幼儿对形状的理解。

五、任务反思与总结

在完成本课任务后，你对“小班幼儿音乐游戏设计与指导”是否有更好的创意教学思路，写出你的教学规划。

任务三 面团捏捏捏

你捏我捏 面团世界

学习目标

1. 引导幼儿初步了解面团可以制成什么食物。
2. 引导幼儿学习打棒及响板的使用。
3. 合奏片段中打棒与响板的交替使用可很好地锻炼幼儿的协作能力及专注力，同时让其感受四分音符与八分音符的区别。
4. 身体律动中对球体的运用可以使幼儿的身体协调性及双手手指的灵活性得到提升。

课前准备

1. 打棒与响板（如乐器缺失，可选择其他乐器或用拍手替代）。
2. 查阅“附录”中打棒与响板的规范演奏方式，并根据打击乐谱熟练演奏。
3. 准备一些世界各国不同面食的相关图片，打印出来在课上进行展示。
4. 为每个孩子准备一个有弹力的软球。

扫码获取本课资源包

一、任务介绍

今天我们要学习的曲子是由英国儿歌改编的《面团捏捏捏》。相信小朋友们都吃过各式各样的面包，这些面包都是由小面团做成的哦！小朋友们有没有捏过小面团呢？都是怎样捏的呢？（启发幼儿的想象力）用手指捏，用手掌压，还是用拳头狠狠地捶？我们一起来听一听诗歌《一动不动的面团》里的这个小朋友是怎样捏面团的吧！

面团面团，你为什么这么懒？
一动不动，一声不吭。
陪我练练功，比比武，
看我左一拳，右一拳，
再加一记回旋踢！
面团面团，你为什么不还手？
可怜的面团被捏肿了，
一动不动，一声不吭。

——陈一诺

请思考：

1. 我们用小面团可以做成什么糕点呢？（包饺子、搓汤圆、做蛋糕、做饼干）

2. 孩子们可以分享自己喜欢的面食。（此环节可在熟悉歌曲后进行提问，而后将答案替换进第 5—6 小节的歌词里）

3. 亲子探索：幼儿可回家与家长一起搜索一种家乡特有的面食图片，在复习课上进行分享。

二、演唱与演奏

面团捏捏捏

英国童谣

陈一诺 填词编配

三、律动游戏

1. 身体律动游戏《面团捏捏捏》共 8 小节，歌词有 2 段，音乐明快，身体律动与歌曲情景紧密结合。

2. 教师给每个人发一个小球，大家围成圆圈盘腿坐下。

3. 前奏 4 小节，大家左手掌心朝上将球放于其中，右手手心朝下盖在球上。

4. 第一段的第 1—3 小节：大家根据音乐速度顺时针揉搓掌心的小球模仿团汤圆的姿势（稳定控制球体于掌心，锻炼幼儿双手的协调性）。

5. 第 4 小节：大家根据节奏（2 个八分音符及 1 个四分音符）捏球体 3 下（根据歌词内容进行律动，深刻体会歌曲的情景，发力点从掌心到手指可以很好地练习手指力量）。

6. 第 5—8 小节重复第 1—4 小节的动作。

7. 间奏：大家从盘腿坐姿变成跪姿，将球置于前方地面并用双手压在球体上。

8. 第二段的第 1—2 小节：大家根据恒拍速度，双手按压球体，模仿揉面团的姿势（此动作相比团汤圆动作，可以更好地体会恒拍感）。

9. 第 3—4 小节：第 3 小节大家伸出拇指静止不动；第 4 小节根据歌词节奏用拇指轻点球体 3 下（开发对拇指的单独应用）。

10. 第 5—6 小节重复第 1—2 小节。随后第 7 小节，大家伸出食指静止不动，第 8 小节根据歌词的节奏用食指轻点球体 3 下（开发对食指的单独应用）。

11. 尾声部分，引导幼儿根据恒拍将球从右手交至左手，再由左手交至右手，每一恒拍交换一次，如果难度过大，可去掉此步骤，静止等待即可。

四、任务拓展

1. 此曲的学习时长建议为 2 节课。

2. 器乐合奏部分，打棒与响板的交替演奏可以很好地锻炼幼儿的协作能力以及专注力。响板的使用模仿了歌词中的“捏捏捏”，教学时可有意强调。

3. 熟练演唱之后，教师引导幼儿讲出自己喜欢的面食，将面食的名字替换第 5—6 小节的歌词。

4. 第二段的律动游戏里，区分拇指及食指对幼儿来说稍有难度，教师可将之称为 1 指和 2 指，以便幼儿接受。

五、任务反思与总结

在完成本课任务后，你对“小班幼儿音乐游戏设计与指导”是否有更好的创意教学思路，写出你的教学规划。

任务四 如果你吞了一只苍蝇

苍蝇苍蝇 传播疾病

学习目标

1. 引导幼儿认知动物世界中的“食物链”。
2. 引导幼儿感知恒拍，并用跳跃的方式体验。
3. 引导幼儿在间奏时转换行进方向，充分感受乐句。
4. 在律动游戏中启发幼儿的想象力。

课前准备

1. 小鼓与响板（如乐器缺失，可选择其他乐器或用拍手替代）。
2. 查阅“附录”中小鼓与响板的规范演奏方式。
3. 熟练讲述《吞下苍蝇的老奶奶》的故事及熟练演唱《如果你吞了一只苍蝇》。
4. 根据歌词准备相应动物的图片。
5. 课前准备并摆好呼啦圈方阵。

扫码获取本课资源包

一、任务介绍

今天我们要学习的曲子叫《如果你吞了一只苍蝇》。小朋友们，想象当你正在和别人说话或者打哈欠时，一只苍蝇突然飞进你的嘴巴，然后被你慌慌张张地吞进了肚子里！万一遇到这种情况怎么办呢？是不是让你又着急又无奈呢？你会用勺子掏出来、用吸管吸出来，还是立即去找医生帮忙呢？我们一起来看看这位《吞下苍蝇的老奶奶》是怎么做的吧。

从前，有一位老奶奶，
她不小心吞下一只苍蝇，她的肚子太难受了。
为了把苍蝇抓住，老奶奶就吞下了一只蜻蜓。
为了把蜻蜓抓住，老奶奶又吞下了一只蜥蜴。
为了把蜥蜴抓住，老奶奶又吞下了一只公鸡。
为了把公鸡抓住，老奶奶就吞下了一只狐狸。
为了把狐狸抓住，最后竟然把一只猩猩吞了下去！
哦，天啊，你们觉得，
这个可笑的老奶奶，她的肚子怎样了呢？

请思考：

1. 通常我们会在什么地方发现苍蝇？（有食物或者脏的地方）
2. 小朋友你们觉得，刚刚提到的昆虫和动物中哪个最厉害呢？
3. 大家还能想到其他的昆虫或者动物吗？

二、演唱与演奏

如果你吞了一只苍蝇

非洲民谣

陈赛、陈一诺 填词编配

三、律动游戏

1. 身体律动游戏《如果你吞了一只苍蝇》共 8 小节，乐曲恒拍感非常强，律动过程中需深刻体会。

2. 教师把 16 个小呼啦圈放在地面摆成正方形，4 个横排 4 个竖排。学生则围绕呼啦圈方阵排成一队。

3. 自由的引子过后是 4 拍的前奏，教师引导大家随恒拍左右晃动身体。

4. 第 1—2 小节：学生 A 根据恒拍跳进第一个呼啦圈 (从左下角的呼啦圈开始)，第 1 拍跳进第 1 个呼啦圈，第 2 拍向前跳进第 2 个 呼啦圈；在第二小节第 1 拍向前跳进第 3 个呼啦圈，第 2 拍向前跳进第 4 个呼啦圈。

5. 第 3—4 小节的间奏：学生 A 向右转（感受间奏的同时体会歌曲的乐句），准备跳第 2 排的 4 个呼啦圈，同时学生 B 做好准备，重复 A 在第 1—2 小节的动作。

6. 第 5—6 小节：跳跃方式同第 1—2 小节，不同的是学生 A 跳第 2 排；学生 B 跳第 1 横排，此时 A 与 B 的跳跃方向是相对的。

7. 第 7—8 小节间奏：学生 A、B 继续转换方向，准备跳第 3 排和第 2 排的 4 个呼啦圈，同时学生 C 做准备。

8. 以此类推，学生 A 在跳完最后一排呼啦圈后走到队尾排队。

四、任务拓展

1. 此曲学习时长建议为 2—3 节课。教师在开始讲故事时可边讲故事边展示动物的图片，让故事显得更形象生动。教唱歌曲时，教师可展示图片帮学生提示歌词内容。

2. 在乐器合奏时，可由幼儿完成第 1、2 小节及第 5、6 小节，教师负责第 3、4 小节及第 7、8 小节，熟练后再完整演奏。

3. 熟练歌曲之后，可用拟声词“啊噢”模仿吞咽的形象，以此代替第 2 小节中的歌词“吞下”两字。

4. 在律动游戏中，可逐渐要求幼儿的动作与恒拍吻合，锻炼幼儿身体各部分肌肉的控制力。

五、任务反思与总结

在完成本课任务后，你对“小班幼儿音乐游戏设计与指导”是否有更好的创意教学思路，写出你的教学规划。

任务五 ABC 字母歌

你唱我唱 字母歌谣

学习目标

1. 为幼儿启蒙新语种，在短时间内让其熟唱并背诵 26 个英文字母。
2. 此曲可用于英语课的导入，作为固有的信号能快速聚焦幼儿的注意力，唤起他们对字母的敏感度。
3. 掌握《小星星变奏曲》的韵律。
4. 引导幼儿初步感知音的级进与跳进概念，以及音域的高低、乐句的走向。

课前准备

1. 三角铁（如乐器缺失，可选择其他乐器或用拍手替代）。
2. 查阅“附录”中三角铁的规范演奏方式。
3. 熟练诵读《字母谣》及演唱《ABC 字母歌》。
4. 伴随演唱根据打击乐谱敲击三角铁。
5. 准备字母卡，用于课堂活动与游戏部分。
6. 为每个幼儿准备一条丝巾，并预先教授律动中的动作。

扫码获取本课资源包

一、任务介绍

今天要学习的新曲子名字叫《ABC字母歌》。这首曲子的旋律听起来是不是很熟悉？它其实是来自奥地利作曲家莫扎特著名的《小星星变奏曲》。一闪一闪亮晶晶，满天都是小星星，你们听过这首曲子吗？今天，我们给这首音乐配上新的伙伴，大家一起来认识26个英文字母吧。这些字母组成了英文里的所有单词，像Dog、Cat等，就像我们中文字里的一笔一画、一撇一捺一样重要。

要学习的《ABC字母歌》，可以让我们很快记住字母的名字。与此同时，我们也要尝试记住它们的样子。现在，我们一起来诵读一首跟字母有关的《字母谣》，看看它们的“长相”吧！（教师一边朗诵歌谣，一边展示字母卡）

A的头上尖尖角
B用皮带扎着腰
C像弯弯的月牙
D刚吃饱待在家
E是大大的书架
F是钥匙藏在大树下
我用钩子G挂东西
我用单杠H锻炼身体
我用铅笔I学写字
我用鱼钩J钓小鱼
K弯着腰靠墙边
L穿靴子过冬天
M像一座座大山
N像一道道闪电
O是圆圆的双眼
P是气球还有一根线
Q伸舌头张着嘴
R叉着腰迈开腿
S是滑滑的小蛇
T是小伞把雨遮
U是沉沉的桶子
V是胜利的标志
海草在波浪W中跳着舞
我们在路口X中迷了路
鸟儿在树枝Y上唱着歌
我们在弯弯的小路Z上
散散步

——陈一诺

请思考：

1. 小朋友们，字母的作用是什么呢？
2. 小朋友们，你们觉得这些字母和什么东西长得比较像呢？
3. 你们有英文名吗？请说出你的英文名中有哪些字母。

二、演唱与演奏

ABC 字母歌

［奥］莫扎特 曲

陈一诺 填词编配

三、律动游戏

1. 丝巾游戏《ABC 字母歌》共 12 小节，分为 6 个部分，包含 4 组律动动作。

2. 教师引导大家围成圆圈站立，每人手拿一条丝巾。

3. 前奏开始，教师引导大家按节奏顺时针慢慢走动，并轻轻甩动手中的丝巾。

4. 第 1—2 小节：大家原地站立，面向圆心随音乐唱歌，唱到“C”时立即将丝巾高举过头顶，保持姿势直到“G”。（让幼儿直观地感受 Do—Sol 的音高区别以及两个音之间的距离感。）

5. 第 3—4 小节：在“H”音时大家用力将丝巾抛向空中，并静待其慢慢飘落到地面再捡起，此时音乐进行到“N”。（让幼儿感受丝巾的飘落过程与 Fa—Mi—Re—Do 下行音阶互应）

6. 第 5—6 小节：大家举左手挥舞手中的丝巾，动作连贯填满整个乐句。（让幼儿感受 Sol—Fa 及 Mi—Re 下行的级进感觉）

7. 第 7—8 小节：大家举右手挥舞手中的丝巾，动作连贯填满整个乐句。

8. 第 9—10 小节与第 11—12 小节，参考第 1—4 小节的律动提示。

9. 中间伴奏及尾声部分的律动动作可参考前奏。

10. 音乐重复一遍，律动动作相同。

四、任务拓展

1. 此曲的学习时长建议为 3—4 节课。

2. 此曲为非母语歌曲，课前可将音乐提前播放给幼儿聆听。

3. 第一节课建议教师用三角铁演奏打击乐第一声部，引导幼儿演唱歌曲。复习课时将幼儿分为两部分：一部分幼儿演唱歌曲，另一部分演奏三角铁，教师拍手。随后再次增加难度，将幼儿分为两部分分别演奏三角铁及拍手声部，熟练乐器演奏的幼儿可在演奏的同时演唱歌曲。

4. 律动教学的内容可随实际情况调整教学进度，无须一节课之内完成所有环节。

五、任务反思与总结

在完成本课任务后，你对“小班幼儿音乐游戏设计与指导”是否有更好的创意教学思路，写出你的教学规划。

任务六　交通安全歌

交通安全　守住记牢

学习目标

1. 引导幼儿提升交通安全意识，学习交通规则。
2. 引导幼儿认识沙锤的几种不同演奏方式，识别不同音色。
3. 引导幼儿提高专注度、反应能力以及对音乐信号、指令的敏感度。
4. 引导幼儿感受恒怕，感知音乐速度的变化。

课前准备

1. 沙锤（如乐器缺失，可选择其他乐器或用拍手替代）。
2. 查阅“附录”中沙锤的规范演奏方式。
3. 熟练“音乐介绍及互动”中关于交通规则的问答。
4. 伴随演唱根据打击乐谱熟练演奏沙锤。
5. 提前听熟乐曲，在律动游戏中把握好速度变化。

扫码获取本课资源包

一、任务介绍

今天我们要学习的是由英国民谣所改编的《交通安全歌》。我们知道，日常生活中做到遵守交通规则才可以很好地保护自己。特别是上学和放学时，马路上人多车也多，小朋友们必须要打起十二分的精神哦！今天，我们一起来了解一些与生活息息相关的交通规则吧！

什么颜色的灯才可以过马路？（红灯停，绿灯行）

应该在哪儿过马路？（斑马线，地下通道或天桥）

小朋友几岁才可以自己骑自行车上学？（12 岁）

马路上可以使用滑板、旱冰鞋吗？（不可以）

下雨天，可以一边打伞一边骑自行车吗？（不可以）

我们小朋友，有什么办法可以让开车的司机更容易注意到我们？

（穿戴鲜艳颜色的衣服、帽子）

坐车时，如果天上掉下一颗美丽的星星，可以打开窗伸手去接吗？

（不可以，乘车时不可以把头和手伸出窗外）

请思考：

1. 小朋友们还知道什么交通安全知识？

2. 假如不遵守交通规则，会带来什么危险？

3. 教师可准备一些道路标识符号以及交通故障应急电话，课堂上与学生交流分享。

二、演唱与演奏

交通安全歌

英国童谣

陈一诺 填词编配

三、律动游戏

1. 身体律动游戏《交通安全歌》共 8 小节，有 3 段歌词，乐曲的律动非常简单，音乐进行中的一些空拍，为演绎增添乐趣的同时也增加了难度。

2. 教师引导大家围成圆圈站好后一起向左转。

3. 前奏 8 小节，大家原地站立仔细聆听音乐，等待第一句的到来。

4. 第 1—6 小节：大家随恒拍顺时针走路，注意步伐与速度一致（感受恒拍）。

5. 第 6 小节第二拍至第 7 小节：这里是 1 个四分音符与 1 小节的全休止符，所有人停下脚步直到第 8 小节音乐响起再启动。此刻停顿较长，幼儿需仔细聆听，做好随时重新启动的准备（提高幼儿专注力及听觉敏感度）。

6. 第 8—9 小节：大家继续跟随恒拍走动，一字一踏步，与第 1—6 小节不同的是，此处大家走动时踮起脚尖，做出蹑手蹑脚的模样（用肢体动作表达音乐情景的变化）。

7. 第二段，全体向后转，以逆时针方向重复第一段的律动动作。

8. 第三段，全体向后转，以顺时针方向重复第一段的律动动作。

9. 虽然每一段的律动动作基本一致，但音乐进行的速度及空拍有所变化。

10. 学生熟悉歌曲后将三段律动连起来，过程中教师不再进行提示（培养幼儿的段落感）。

四、任务拓展

1. 此曲的学习时长建议为 2 至 3 节课。

2. 对幼儿进行交通规则的普及以及安全意识的培养非常重要，过程中教师应多加强调。

3. 沙锤敲击方式的不同会传达出不同的音色，激发他们的想象力，想想在乐器合奏时，还有什么乐器可以一器多用。

4. 乐曲的每一段都有稍许变动，可以很好地提高幼儿的专注力，加强他们在不同速度下对恒拍的反应能力。

5. 教师应在旋律变化的前后给予幼儿一定的提示，确保律动顺利进行。

五、任务反思与总结

在完成本课任务后，你对“小班幼儿音乐游戏设计与指导”是否有更好的创意教学思路，写出你的教学规划。

任务七 零食派对

甜蜜零食 适可而止

学习目标

1. 通过拍手的直观感受，启发幼儿了解音高的概念。
2. 引导幼儿理解四分音符与八分音符的时值概念。
3. 感受钢片琴的音色特征，并对比与其他常用的打击乐器的不同。
4. 引导幼儿在手部动作及身体重心逐渐下沉的律动中锻炼身体机能。

课前准备

1. 双响筒、钢片琴或木琴（如乐器缺失，可选择其他乐器或用拍手替代）。
2. 查阅“附录”中双响筒、钢片琴或木琴的规范演奏方式。
3. 熟练讲述《肚子造反了》的故事及学会演唱《零食派对》的旋律。
4. 伴随演唱，根据打击乐谱熟练演奏拍手、双响筒、钢片琴或木琴声部。

扫码获取本课资源包

一、任务介绍

《零食派对》是来自美国的童谣。为什么几乎所有的小朋友都喜欢吃零食呢？因为它又香又甜味道好，吃着零食，我们会不知不觉地开心起来。可是，如果零食吃太多就有可能会蛀牙、上火，甚至生病。除了吃零食不能过量，我们还需要养成良好的饮食习惯。现在让我们一起来听一则童话，看看《肚子造反了》主人公阿萌究竟发生了什么事呢？

阿萌的肚子饿得咕咕直叫，他一口气吃下了一条大鱼、两块牛排、三只鸡腿和四碗米饭。
当他吃饱准备站起来的时候，刚吃下的食物却从他的嘴里蹦了出来。
它们抱怨道："你的肚子太挤了，我们都要被压扁了，简直一秒都待不下去了！"
猜猜这是为什么呢？（因为阿萌吃太多）
阿萌的肚子饿得咕咕直叫，他一口气吃下了一块牛排、一只鸡腿、一条小鱼和一碗米饭。
当他吃饱准备站起来的时候，刚吃下去的食物却从他的嘴里蹦了出来。
它们抱怨道："你不会细嚼慢咽吗？我们都被卡住了，快不能呼吸了！"
猜猜这是为什么呢？（因为阿萌吃得太快）
阿萌的肚子饿得咕咕直叫，他一口气吃下了一块西瓜、一碗沙拉、一块雪糕和一个冰激凌。
当他吃饱准备站起来的时候，刚吃下去的食物却从他的嘴里蹦了出来。
它们抱怨道："你的肚子实在太冷了！我们都被冻成冰块了！"
猜猜这是为什么呢？（因为阿萌吃得太冷）

——林瑞熙

请思考：

1. 通过对故事的学习，讨论什么是良好的饮食习惯？（不能吃太烫的食物或过期食品）

2. 分享自己爱吃的零食。

3. 有哪些食物是健康的？（亲子探索：幼儿可回家与家长一起探讨后，在复习课上分享）

二、演唱与演奏

零食派对

美国童谣

陈一诺　填词编配

三、律动游戏

1. 身体律动游戏《零食派对》共 8 小节，有 4 段歌词。
2. 学生两人一组面对面左手相握（模仿掰手腕的动作），一直保持。
3. 前奏开始（4 小节 8 拍）：两人握着的左手跟随恒拍左右摇晃。

4. 第一段：第 1 小节，两人用右手随恒拍拍 2 下小伙伴相握的左手手背；第 2 小节在第 1 个“棒”字时，两人同时高举右手越过握着的左手击掌，在第 2 个“棒”字时，两人再次用右手拍打小伙伴的手背，“糖”字时两人放低右手越过握着的左手击掌（从击掌的高度体会音高位置）。

5. 第 3—4 至 5—6 小节重复第 1—2 小节的律动动作。

6. 第 7—8 小节：学生在下行的音阶中双方松开后高举，两人随歌词从高到低一字一击掌，身体重心也随拍手逐渐下沉（体会音高的走向）。

7. 第二、三段采用同样的律动方式（手臂肌肉得到锻炼，感受恒拍及音高的概念）。

8. 第四段里的第 1—4 小节大家伸出右手随恒拍揉肚子，表现出吃饱的状态。第 5—6 小节大家随恒拍摇头，第 7—8 小节伸出食指，指向嘴巴。

9. 唱完，教师检查大家的牙齿，告诉他们要保护牙齿，牙齿是我们一生的好朋友。

四、任务拓展

1. 此曲的学习时长建议为 2 至 3 节课。曲子的难度更多在互动环节，教师应合理调整课堂内容的时长比重。

2. 在幼儿熟悉了拍手、双响筒的演奏后，可引导他们通过拍手感觉四分音符与八分音符的时长，同时做到整齐演奏拍手与双响筒的合奏。

3. 学生熟练演唱后，教师可引导他们将歌词中的食物换成自己喜欢的内容进行表演。

五、任务反思与总结

在完成本课任务后，你对“小班幼儿音乐游戏设计与指导”是否有更好的创意教学思路，写出你的教学规划。

任务八　动物出走记

爸爸妈妈　永远的家

学习目标

1. 深化幼儿对重拍的概念。
2. 启发幼儿用乐器表达音乐情绪。
3. 感受大鼓、小鼓的相同点与不同点。（大鼓、小鼓表达了“偷偷地想离开”的忐忑感）
4. 在简单的大鼓、小鼓训练中，强化儿童的左右认知以及肌肉的控制力与反应能力。

课前准备

1. 大鼓与小鼓（如乐器缺失，可选择其他乐器或用拍手替代）。
2. 查阅“附录”中大鼓与小鼓的规范演奏方式。
3. 熟练讲述《小花兔离家出走》的故事及演唱《动物出走记》的旋律。
4. 伴随演唱，根据打击乐谱熟练演奏大鼓、小鼓声部。
5. 由于伴奏音乐涉及前奏及间奏，教师需提前熟悉音乐以便更好地控制现场。

扫码获取本课资源包

一、任务介绍

今天我们要学习的歌曲是《动物出走记》，它的音乐素材来自英国的一首童谣。小朋友们有没有在不开心或被爸爸妈妈批评的时候，想过偷偷离开家到外面的世界冒险，或者到朋友家里躲一躲？今天老师来跟大家分享一则《小花兔离家出走》的故事：

一天，小花兔被爸爸妈妈批评了，于是它一边收拾行李，一边气鼓鼓地说："哼，就因为多吃了一块糖就骂我，我要离家出走，等你们找不到我的时候就该着急了！"小花兔看了看厨房里做饭的妈妈和在书房里听音乐的爸爸，气得两个腮帮子鼓得像青蛙一样。

小花兔觉得田鼠家很热闹，于是决定先去田鼠家住几天。田鼠很愿意小花兔来做客，可是田鼠家实在是太小了。小花兔先把书包摘下来，然后用力地往门里钻，可也只钻进去两只长耳朵。田鼠一家有的在门里使劲往里拉小花兔的耳朵，有的在门外用力推小花兔的屁股。大家一边推一边喊着口号："一二三，嘿哟；一二三，嘿哟……"

好不容易才把小花兔弄进家里。结果小花兔进去之后，田鼠一家子挤得脸贴着脸。这样可不行，小花兔决定到宽敞的喜鹊家看看。喜鹊一家邀请小花兔住到喜鹊窝边的大树杈上，这样小花兔就可以和喜鹊一家一起吃晚饭。高高的树杈，小花兔好不容易才爬上去，结果当他松了一口气想躺下休息的时候，才发现树杈上窄窄的不能躺，只能小心地坐着。又累又饿的小花兔，这时特别想念妈妈做的饭和自己房间里舒服的床，所以还是决定回家吧。

小花兔推开门，听见妈妈在厨房说："又去哪玩了，洗洗手吃饭吧。""我刚刚离家出走了。"小花兔大声地回答。两颗脑袋分别从厨房和书房伸出来，小花兔的爸爸和妈妈一起问："为什么啊？""对啊，为什么要离家出走啊？哦，我忘记了。"小花兔摸着脑袋想了很久也想不起来。但是经过这一次离家出走，它总算明白了，不管如何，还是自己的家最好！

请思考：

1. 你们觉得，小花兔为什么想出走？（与爸爸妈妈吵架、被老师批评，居住环境不好）

2. 小花兔出走时是怎样的心情？（忐忑不安、伤心、兴奋）

3. 我们离家出走的行为会对自己和家人有什么影响？（遇到危险、父母会着急等影响，可启发孩子们自行想象）

二、演唱与演奏

动物出走记

英国童谣

陈一诺 填词编配

注：第四段的最后五个字只读不唱，可大声读出。

三、律动游戏

1. 身体律动游戏《动物出走记》共 8 小节，有 4 段歌词，曲子的趣味性与律动高度契合。

2. 教师引导大家排成一排坐下，如果场地不够可站成 2 排，每排之间保留一定的间隙，选出 A、B 两位学生，让他们双手握在一起做拱门状站在队伍的最前端（建议一开始由两位教师或一位教师带着学生做示范）。

3. 前奏 4 小节：A、B 分别站在队伍的前端，双手握在一起做出拱门状缓缓从大家的头顶经过，其他人各就各位，仔细聆听。

4. 第 1—2 小节：A、B 继续做以上动作，在第 3 小节第一拍时将刚好经过的学生套住继续走，到第 5 小节第一拍时再次将经过的学生套住继续往前走，直到第 7 小节第一拍时又一次套住经过的学生，这个被套住的学生需模仿鸟儿从拱门中“飞出来”，到此第一段结束（强调第 2、4、6、8 小节的重音）。

5. 间奏（共 2 小节 4 拍），此时被套住“飞出来”的学生及下一个套住的学生成为新的拱门 C、D，原本的 A、B 填补 C、D 的位子继续游戏。

6. 第二、三、四段采用同样的律动手法，只是把学生扮演的小鸟换成兔子、乌龟等。（感受重音以及训练学生对段落发展的专注度）。

7. 尾声部分较长，被套住的小动物自由地蹦跳，直到音乐结束。

四、任务拓展

1. 此曲学习时长建议为 3 至 4 节课。

2. 打击乐中的四分音符看似非常简单，但大鼓、小鼓集体地整齐交替演奏对幼儿来说有一定的难度，课前，教师要统一要求幼儿将大鼓放置于身体左边，小鼓放置于身体右边，形成非常顺手的“双击—左右”的演奏法。

3. 大鼓与小鼓的音色可以很好地表现出歌词中“偷偷”“想离开”的画面感。同时，大鼓、小鼓的“低沉”与“轻巧”分别代表了低与高，这些特性在教学时教师都应予以强调。

4. 前奏—主曲—间奏—主曲—间奏。游戏时，教师需伴随音乐做好场上调控，及时提醒幼儿下一步的行动。

5. 本课教学内容较多，教师可随实际情况去调整教学进度，无须一节课完成所有环节。

五、任务反思与总结

在完成本课任务后，你对“小班幼儿音乐游戏设计与指导”是否有更好的创意教学思路，写出你的教学规划。

任务九　干杯

大家干杯　快乐加倍

学习目标

1. 让幼儿了解干杯的文化及历史。
2. 引导幼儿体验 $\frac{2}{4}$ 拍的恒拍感。
3. 引导幼儿聆听钢片琴的演奏，感受 C 大调音乐的主音“Do”。
4. 引导幼儿用律动的形式体验乐句。
5. 通过乐器合奏和律动游戏可以极大程度地锻炼幼儿的团队协作能力及专注力。

课前准备

1. 铃鼓与钢片琴（如乐器缺失，可选择其他乐器或用拍手替代）。
2. 查阅“附录”中铃鼓与钢片琴的规范演奏方式并根据打击乐谱熟练演奏。熟练演唱《干杯》。
3. 熟悉干杯文化的由来。
4. 准备纸杯，用于律动游戏。

扫码获取本课资源包

一、任务介绍

今天要学习的曲子叫《干杯》。“朋友们，干杯吧！”每当大人们举杯庆祝时，我们常会听到他们这么说。说完之后，他们就会将杯子里的酒一口喝完，这就是我们常说的“干杯”。那么，“干杯”这个动作究竟是从什么时候开始的呢？下面让老师来为大家讲几则关于干杯的传说吧！

有人说“干杯”是2000多年前，由古希腊人创造的。当时的古希腊人很爱喝酒，他们觉得喝酒能使一个人的很多器官变得非常快乐。例如，鼻子可以闻到酒的香气，眼睛可以看到酒的颜色，舌头可以尝到酒的味道，可是只有耳朵，没办法享受喝酒的乐趣！这可怎么办呢？聪明的古希腊人终于想到了一个办法：在喝酒之前，大家互相碰一下杯子。杯子发出的清脆响声便可以传入耳中。用这个方法，耳朵也能一起高高兴兴地喝酒啦！

还有一种说法是：“干杯”时，杯子所发出的“丁零哐啷”的声音，就像敲钟一样。这样的声音，可以驱除恶魔，赶走生活中的不开心和不幸，给人们带来美好和幸福！

请思考：

1. “干杯”背后代表的含义。（表达开心喜悦的心情以及对伙伴的祝福）

2. 小朋友们可以用什么饮品来干杯呢？（由幼儿说出自己爱喝的饮品，从而引出歌曲）

二、演唱与演奏

干杯

外国民谣

陈一诺 填词编配

三、律动游戏

1. 身体律动游戏《干杯》共 8 小节，伴奏旋律以不同音色重复，可循环播放音乐进行游戏，重复演唱次数依教师授课需要自行安排。

2. 教师引导大家围成一个圈，教师站在中间，然后为每位学生及自己准备一个纸杯。

3. 前奏 2 小节，全体举杯，教师选择一位学生作为起点，走到其前方面对面站好。

4. 第 1—3 小节：教师根据恒拍速度顺时针用自己的杯子轻轻碰触学生的杯子（感受恒拍速度）。

5. 第 4 小节：教师随歌词“干一杯”与面对的学生 A 做干杯的动作，并与 A 调换位置，下一乐句由 A 开始担任“走动”的角色。

6. 第 5—7 小节：A 根据恒拍速度顺时针用自己的杯子轻轻碰触其他小伙伴的杯子。

7. 第 8 小节：A 跟随歌词“干呀干一杯”与面对的学生 B 做干杯的动作，随后与 B 调换位置。

8. 以此类推，教师根据人数自行调整音乐播放的次数。在大家熟练游戏之后，教师可要求他们随恒拍一边游戏一边原地踏步（进一步体验恒拍）。

四、任务拓展

1. 此曲学习时长建议为 2 至 3 节课。

2. 此曲 8 小节的旋律在伴奏中进行了多次重复，但每一次使用的音色都不相同，过程中教师应在演唱、乐器合奏及律动游戏时提醒幼儿感受同一旋律在不同的伴奏音色中所体现的微妙变化。

3. 乐器演奏中，钢片琴的刮奏模仿了碰杯的声音，故合奏时教师无须要求每位幼儿演奏的音高及速度，仅在自由刮奏后提示幼儿需在下一拍的重拍上准确敲出“Do”音。

4. 律动游戏中，要求幼儿在保持恒拍速度上边走边碰触他人的杯子有一定难度，教师可在每次角色转换时的前两小节，喊出恒拍进行提醒。

五、任务反思与总结

在完成本课任务后，你对“小班幼儿音乐游戏设计与指导”是否有更好的创意教学思路，写出你的教学规划。

任务十　女巫呼啦啦

故事传说　乐趣多多

学习目标

1. 引导幼儿区分真实、虚拟人物。
2. 引导幼儿感受大鼓、手鼓的合奏音色。
3. 引导幼儿在乐器合奏律动游戏中，深刻感受并体验音乐的重音。
4. 引导幼儿感受弱起以及乐句中的休止。
5. 在音乐速度的快慢及随机休止中，锻炼幼儿的专注力、反应能力以及身体控制力。

课前准备

1. 大鼓与手鼓（如乐器缺失，可选择其他乐器或用拍手替代）。
2. 查阅“附录”中大鼓与手鼓的规范演奏方式并根据打击乐谱熟练演奏。
3. 熟悉女巫的童话故事，可准备女巫骑扫帚的图片辅助教学。
4. 准备球或其他道具用于律动部分。

扫码获取本课资源包

一、任务介绍

传说女巫是会法术的魔女，骑着扫帚在天上飞来飞去，今天我们要学习的曲子《女巫呼啦啦》，就描述了小女巫学习骑扫帚的情景。尽管没有人见过女巫，却流传着许多关于女巫有趣的故事：

一天早晨，啄木鸟起床后，听到树屋外很热闹，它探头一看，原来森林里搬来了一个新成员！她和大家不一样，既不是活蹦乱跳的动物，也不是无声无息的植物，她竟然是一位女巫！大家都对这个与众不同的新成员感到又好奇又兴奋。大家的热情接待，让女巫非常高兴，她变出了各种各样的食物分给森林里的朋友们。当然，她的法术不仅仅如此，她还在森林的中央为自己变出了一栋大大的房子！她愉快的森林生活就这样开始啦！

到了夜晚，动物们都进入了梦乡。在大家睡得正甜的时候——“轰——隆隆”的声音忽远忽近地传了过来，动物们都被这样的雷声吓醒了，动物宝宝们更是被吓得躲到妈妈怀里哇哇大哭。第二天一早，大家都打着哈欠、黑着眼圈，女巫问大家：“朋友们，究竟发生了什么事啊？”“昨晚有怪兽来到了森林里，发出阵阵怪声，吓得我们整夜都不敢睡觉！”女巫听完后，决定今夜不睡觉，帮助大家抓怪兽。她强忍着困意，守护在大树下，可是她等了一整个通宵，都没有看到任何可疑的敌人。

这一个夜晚，整座森林的动物们都睡得很香。啄木鸟说：“这肯定是因为怪兽知道女巫在守护大家，所以不敢来了！我们一起去感谢女巫姐姐吧！”正当大家准备出发去女巫家时——“轰——隆隆”的声音再一次忽远忽近地传了出来！大家小心翼翼地朝着声音的方向找了过去，结果来到了女巫家。“轰——隆隆”，只见女巫躺在床上睡得正香，嘴里还发出跟雷鸣一样的呼噜声！动物们都笑了起来，原来，女巫就是夜里的大怪兽呀！

请思考：

1. 如果小朋友也能像女巫一样拥有法力，大家会利用魔法做什么呢？

2. 除了女巫之外，还有哪些人物并不是实际存在的呢？（亲子探索：幼儿可回家与家长一起探讨，在复习课上分享）

3. 分享柴科夫斯基《女巫》的音频。

二、演唱与演奏

女巫呼啦啦

[美] 塞耶斯 曲

陈一诺 填词编配

三、律动游戏

1. 身体律动游戏《女巫呼啦啦》共 8 小节，音乐重复次数由教师根据游戏安排。

2. 教师引导大家围成圆圈坐在椅子上，静待第一乐句的到来。

3. 第 1—2 小节：第 1 小节大家静坐在椅子上不动，第 2 小节在“呼”字的重拍上一起跺脚感受重拍感。

4. 第 3—4、5—6、7—8 小节大家重复第 1—2 小节的律动动作。

5. 第二段（速度变慢）：大家在第 2、4、6、8 小节的重拍上动作由跺脚变成跳跃后坐下感觉重拍感。

6. 第三部分（速度变快）：教师可在重拍上拓展动作，如大家围坐在地上，学生在重拍将球推出去，接到球的学生在下一个重拍将球再次推出。

四、任务拓展

1. 此曲学习时长建议为 2 至 3 节课，课前教师须熟知伴奏音乐中节奏的快慢变化。

2. 无论是乐器合奏还是律动游戏，重拍感的训练是其中的重点。其中第 1、3、5、7 小节的休止使第 2、4、6、8 小节中第一拍的重音更为凸显，故重拍上的演奏需加强音量，夸张地表达出音乐的重拍感。

3. 乐曲虽然律动节奏较为单一，但音乐速度时快时慢，为合奏及律动增加了一些难度，教师可在速度变化时提前给予提醒，保证合奏和游戏的顺利进行。

五、任务反思与总结

在完成本课任务后，你对“小班幼儿音乐游戏设计与指导”是否有更好的创意教学思路，写出你的教学规划。

项目二　中班幼儿音乐游戏设计与指导

任务一　藏蘑菇

可爱蘑菇　藏在哪里

学习目标

1. 引导幼儿对菌类有初步的认识。

2. 引导幼儿深入感知恒拍感与 $\frac{4}{4}$ 拍的韵律。

3. 引导幼儿聆听铃鼓与大鼓组合的二声部音色，了解大鼓的音色如同“心跳声”，极好地表达出了歌词情景中的紧张气氛。

4. 引导幼儿感受歌曲中的问句与答句。

5. 引导幼儿在律动游戏的对答中锻炼幼儿的集体协作能力及个人专注力。

课前准备

1. 铃鼓、大鼓（如乐器缺失，可选择其他乐器或使用拍手替代）。

2. 查阅“附录”中铃鼓、大鼓的规范演奏方式，并根据打击乐谱熟练演奏。

3. 熟练第一部分中动物语言的内容，可准备不同蘑菇（可食用或不可食用）的图片在课上介绍。

4. 准备一个蘑菇布偶用于律动游戏。

扫码获取本课资源包

一、任务介绍

小小一把伞，立在大树下，待你摘回家，好吃又营养。——蘑菇

这是很多小朋友都爱吃的一种蔬菜，你们能猜到是什么吗？对，它就是蘑菇，我们今天要学习的曲子就叫《藏蘑菇》。蘑菇的形状像一把伞，有不同的款式，还有不同的颜色。小朋友们认识什么样的蘑菇呢？

有毛发旺盛的猴头菇、黑头黑脑的松露、身体结实的杏鲍菇、滑溜溜的滑子菇、纤细苗条的金针菇、臭烘烘的白鬼笔、带有香气的香菇及长得像鸡腿的鸡腿菇。

但是小朋友们一定要注意，不是所有的蘑菇都可以吃。你们知道吗？世界上共有1000多种蘑菇，其中有毒的蘑菇就有400多种，而吃下去会让人死掉的有40多种！这些有毒的蘑菇和普通蘑菇在外形上非常相似，普通人根本没有办法分辨。所以，我们千万不可以随意吃下采摘的蘑菇哦！

请思考：

1. 讨论蘑菇生长的地方。（下雨之后的潮湿之处，如森林里的树下、木头上等地方）

2. 教幼儿认识普通蘑菇以及毒蘑菇。（教师提前准备不同蘑菇的照片进行分享）

3. 分享喜欢的蘑菇。（亲子探索：幼儿可回家与家长一起搜索蘑菇的图片及介绍，在复习课上分享）

二、演唱与演奏

藏蘑菇

英国童谣

陈一诺　填词编配

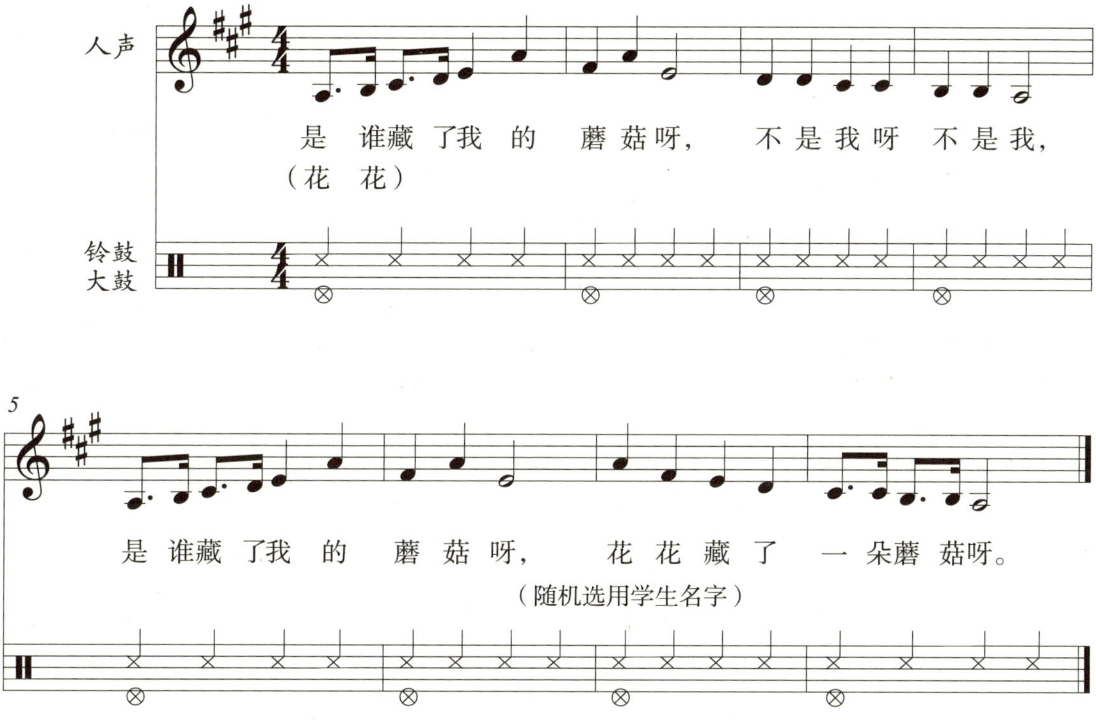

三、律动游戏

1. 身体律动游戏《藏蘑菇》共 8 小节，音乐重复 6 次用于律动教学。

2. 教师引导大家围成圆圈盘腿坐好，随后教师站起来，等待第一部分第 3—4 小节以及第 7—8 小节的对答。

3. 第 1—2 小节：全体学生演唱“是谁藏了我的蘑菇呀？”，同时跟随恒拍双手轻拍大腿感知恒拍。

4. 第 3—4 小节：大家继续跟随恒拍双手轻拍大腿不演唱，由教师站起来演唱：“不是我呀不是我。”（个人与集体形成“对话”，呼应歌词的情景，同时感受对唱声部音量的对比）。

5. 第 5—6 小节：全体学生再次演唱："是谁偷了我的蘑菇呀？"，同时跟随恒拍双手轻拍大腿，教师站立等待后两小节的到来。

6. 第 7—8 小节：大家继续跟随恒拍双手轻拍大腿不演唱，由站立的教师演唱："× × 藏了一颗蘑菇呀。"唱完后教师原地坐下，被点名的 × × 站起来等待下一部分第 3—4 小节以及第 7—8 小节的对答（× × 为班里任何一个孩子）。

7. 进入下一段落，第 1—2 小节及第 5—6 小节的律动内容与第一部分完全一致。

8. 在第 3—4 小节以及第 7—8 小节，起身回答问题的人则由教师变成第一部分教师随机选择的 × ×。

9. 每一个被随机选择的学生将在第 7—8 小节再随机选择另外一人，以此类推。

四、任务拓展

1. 此曲的学习时长建议为 2 至 3 节课。

2. 乐器合奏中，铃鼓需稳定跟随恒拍速度进行，大鼓则要强调 $\frac{4}{4}$ 拍的重音。演奏时注意节奏的平稳性以及聆听大鼓音色带来的与情景相呼应的"紧张"气氛。

3. 律动游戏涉及集体与个人的互动，需要大家有较高的配合度及反应能力。律动前教师需讲明规则，过程中再用手势提示随机挑选的幼儿，让其提前做好准备。

4. 律动游戏中可准备一个"蘑菇"布偶，在进行角色随机选择的同时将布偶丢向对方，增加游戏的趣味性，也可有效提醒被选择人的专注力。

五、任务反思与总结

在完成本课任务后，你对"中班幼儿音乐游戏设计与指导"是否有更好的创意教学思路，写出你的教学规划。

任务二 动物捉迷藏

你追我赶 来捉迷藏

学习目标

1. 启发幼儿对动物大小的认知。
2. 引导幼儿在歌曲中了解动物的不同特征。
3. 引导幼儿感受铃鼓及沙锤的音色特征，在简单的乐器合奏中培养小伙伴之间的默契。
4. 引导幼儿在“手脚”“开合”“伸缩”的律动中使身体机能得到全面锻炼。

课前准备

1. 沙锤、铃鼓（如乐器缺失，可选择其他乐器或用拍手替代）。
2. 查阅“附录”中沙锤、铃鼓的规范演奏方式。
3. 熟练讲述司马光砸缸的故事，以及演唱《动物捉迷藏》的旋律。
4. 伴随演唱，根据打击乐谱熟练演奏铃鼓及沙锤声部。

扫码获取本课资源包

一、任务介绍

今天我们学习的新曲子叫《动物捉迷藏》，旋律来自英国的童谣。小朋友们有没有跟爸爸妈妈或者小伙伴们一起玩过捉迷藏的游戏？关于捉迷藏，在历史上有一个十分有名的故事，那就是《司马光砸缸》：

宋朝有一个人叫司马光，他从小就聪明好学，遇事冷静。有一次，他跟小伙伴们在院子里玩捉迷藏，院子里有一口大水缸，有个小孩想爬到缸上去玩，一不小心掉了进去。缸很大，里面的水很深，那个孩子都快要被淹没了，其他孩子一见出了事，吓得边哭边喊，跑到外面向大人求救。这时司马光想到了一个好办法，他从地上捡起一块大石头，用力地向水缸砸去，砰！的一声！水缸破了，缸里的水流了出来，被淹在水里的小孩也得救了。

司马光砸缸的故事告诉我们，小朋友在遇到困难时不要轻易被吓倒，要冷静地想办法去解决问题。当然，故事也告诉我们，在玩捉迷藏的时候千万不要躲在危险的地方哦！

请思考：

1. 你们平时玩捉迷藏都会在哪里玩？又会躲在什么地方呢？
2. 蚂蚁藏在狐狸的鞋底，你们觉得狐狸有没有可能藏在蚂蚁的鞋底呢？为什么？

二、演唱与演奏

动物捉迷藏

英国童谣

陈一诺　填词编配

三、律动游戏

1. 身体律动游戏《动物捉迷藏》共8小节，3段歌词，包含3组律动动作。

2. 教师引导大家围成圆圈坐下，4拍前奏中教师引导学生伸出双手，竖起食指与中指随节奏轻轻摇动身体。

3. 第 1 次蚂蚁的律动：学生保持扮演蚂蚁的手部动作从第 1—7 小节随恒拍从大腿往小腿上慢慢爬，在第 8 小节停止后两脚随节奏踏 3 下（感受蚂蚁的特征，锻炼从手到腿的身体机能反应）。

4. 第 2 次蝴蝶的律动：学生双臂展开扮作蝴蝶，从第 1—7 小节随恒拍轻轻飞舞并慢慢站立，在第 8 小节时学生随节奏轻拍肚皮 3 下（感受蝴蝶的特征，锻炼开合的身体机能）。

5. 第 3 次乌龟的律动：学生双手握拳放于胸腔两边模仿乌龟，从第 1—7 小节顺时针慢慢走动，在第 8 小节时举起双手轻拍头部 3 下（感受乌龟的特征，从“缩”到“伸”的动作中体会身体从紧张到放松的状态）。

四、任务拓展

1. 此曲的学习时长建议为 2 至 3 节课，在新课前或讲故事时可将音乐播放给幼儿聆听。

2. 教师可引导幼儿发挥想象力将曲子的动物名称换成自己熟知的，每一组歌词中均包含一只“大”动物与一只“小”动物，教师在激发幼儿思考的同时给其灌输大与小的概念。

3. 第一节课建议教师先以演奏铃鼓声部来引导幼儿演唱，复习课时再由教师带领幼儿演唱歌曲，教授幼儿用铃鼓演奏第一声部，教师用沙锤演奏第二声部来丰富听觉效果。最后增加难度，将幼儿分为两个部分分别演奏第一、二打击乐声部，同时演唱歌曲。

4. 熟练后，教师可在课堂上增加一个藏宝小游戏，挑选一位幼儿并让其闭上眼睛，随后一人将一个玩偶藏在教室里，播放音乐后幼儿在大家的歌声中寻找玩偶，若寻找方向正确，大家唱得音量变大，如果方向错误，则使音量减弱，直到幼儿将玩偶找到。此游戏可帮助幼儿熟知音的强弱概念。

五、任务反思与总结

在完成本课任务后，你对“中班幼儿音乐游戏设计与指导”是否有更好的创意教学思路，写出你的教学规划。

任务三 独木舟漂流记

不怕风浪 勇往直前

学习目标

1. 引导幼儿识知碰铃。
2. 引导幼儿初步感知三连音的节奏韵律以及音的高低之别。
3. 碰铃的长音与钢片琴的短音，使两个声部形成很大的差别，引导幼儿从听觉到实操，直观地感受碰铃和钢片琴的音色、音长。
4. 引导幼儿进行多声部的感知。
5. 引导幼儿学习故事中主人公爱动脑筋以及乐观积极的精神。

课前准备

1. 碰铃、钢片琴或木琴(如乐器缺失，可选择其他乐器或使拍手替代)。
2. 查阅“附录”中碰铃、钢片琴及木琴的规范演奏方式。
3. 熟练讲述《鲁滨孙漂流记》的故事，以及演唱《独木舟漂流记》的旋律。
4. 伴随演唱，根据打击乐谱熟练演奏三角铁、钢片琴或木琴声部。
5. 准备双响筒，用作律动中所代表的“桨”(也可用其他形似的物品)。

扫码获取本课资源包

一、任务介绍

今天我们学习的歌曲是由美国民谣改编的《独木舟漂流记》。小朋友们，从“独木舟”三个字中你可以猜到它是由什么做成的吗？我们一起来听听下面这首诗歌，找找答案。

我是一只流浪的独木舟
在大海的怀抱里
漂呀漂游呀游
但我从不孤单
也不寂寞
因为
有日光陪我
有月牙伴我
有海鸥飞过
有鱼儿穿梭
不管我搁浅还是自由
你们都陪在我的左右

——陈一诺

请思考：

1. 除了独木舟，木头还可以做出什么呢？（家具、纸、玩具等）
2. 除了独木舟，还有其他的船吗？（竹筏、轮船、潜水艇等）
3. 你们有玩过独木舟吗？（分享经验及操作技巧，引入歌曲歌词）

二、演唱与演奏

独木舟漂流记

美国童谣

陈一诺 填词编配

三、律动游戏

1. 身体律动游戏《独木舟漂流记》共 8 小节，有 4 段歌词。

2. 教师给每个学生发一个双响筒，大家双腿屈膝朝前方（不盘腿）围成圆圈坐好。

3. 前奏（共 6 小节）：学生将双响筒放在膝盖上（腿屈膝向前），双手从上往下握住双响筒的两侧静待第一句的到来。

4. 第 1—4 小节：学生根据恒拍的律动每小节将双响筒(“桨”)从膝盖顺着大腿向上划，再向下放到膝盖上，此处模仿划船的动作（手部前后画圈，生动地刻画出划船的形象，这一动作填满一整拍使幼儿深刻感受“满拍”的概念）。

5. 第 5—6 小节：这里四组三连音音高逐渐降低，学生握住双响筒的手从膝盖离开，动作如下：第一组，学生手臂伸直握住双响筒朝身体的左上方；第二组，学生握住双响筒移到身体的右上方；第三组学生握住双响筒往身体的左下方。第四组学生握住双响筒移到身体的右下方。结束后，学生手握双响筒放回膝盖，迎接下一个动作（这一组动作是在模仿独木舟遇到大风大浪时在摇摆，突出乐句中音高下移的特征）。熟练掌握后，可以一二组与三四组的动作在音高上做出调整，即从第一组到第四组的动作依次降低。

6. 第 7—8 小节：此处学生动作与第 1—4 小节相同。

7. 第二、三、四部分的律动与第一部分相同。

8. 尾声继续模仿划船的动作即可。

四、任务拓展

1. 此曲的学习时长建议为 2 至 3 节课。

2 歌曲学唱时，可先让幼儿演唱第 5—6 小节，其他由教师演唱，熟练后再拓展到让幼儿演唱全曲。

3. 乐器互动环节，如果幼儿在三连音处演奏有困难，可只在恒拍上敲打 G 音。

4. 此课的律动教学内容较多，可灵活调整教学进度，分多次完成所有环节。

五、任务反思与总结

在完成本课任务后，你对“中班幼儿音乐游戏设计与指导”是否有更好的创意教学思路，写出你的教学规划。

任务四　螃蟹歌

身穿盔甲　横行霸道

学习目标

1. 引导幼儿了解螃蟹的特点。

2. 在响板的演奏中感知 $\frac{2}{4}$ 拍的恒拍感。

3. 在钢片琴的演奏中，掌握 G 到 A 音之间的音高及级进关系。

4. 引导幼儿感受旋律合奏中响板演奏模仿螃蟹钳子的开合及律动游戏中模拟螃蟹行动时的“横行”，进一步了解螃蟹的习性及特征。

5. 引导幼儿体验和感受乐曲中的附点节奏。

课前准备

1. 响板、钢片琴或木琴（如器乐缺失，可选择其他乐器或用拍手替代）。

2. 查阅“附录”中响板、钢片琴或木琴的规范演奏方式并根据打击乐谱熟练演奏；熟练演唱《螃蟹歌》的旋律。

3. 熟悉猜谜环节以及对螃蟹特性的讲述，并准备一些与螃蟹生活场景相关的图片辅助教学。

扫码获取本课资源包

一、任务介绍

八条细腿，两把剪刀，身穿盔甲，横行霸道。

这是一种大家非常熟悉的动物，小朋友们能猜到是什么吗？对，它就是螃蟹，我们今天要学习的曲子就叫《螃蟹歌》。小朋友们有在沙滩上抓过螃蟹吗？你们有没有发现，每当你靠近并准备抓捕它们的时候，小螃蟹就会马上逃跑，钻进洞里。我们知道，螃蟹有八条尖尖的细细的腿，两只强劲有力的钳子以及一双从不闭上的眼睛。可是，我们却从来没有见过螃蟹的耳朵，也没听过它们聊天和说话。那它们究竟是如何发现“敌人”的呢？

螃蟹的眼睛：螃蟹的眼睛可以自由转动，几乎能看到上下左右所有角度，当敌人想要从上方抓捕它时，就会产生影子，它感受到明显的光线变化后会马上逃跑！

螃蟹的“耳朵”：螃蟹腿上的纤毛能够清晰地感受到来自地面的振动，一旦人们向它走近，它会快速逃跑！

螃蟹的“嘴巴”：虽然螃蟹并不像人类以及其他动物一样有声带，发出自己的声音，但是它们会用身上某些部位和螯足一起摩擦发出声音！

请思考：

1. 被螃蟹夹到手指该怎么办？（将被螃蟹钳子夹住的手指放入水里，并淹没螃蟹，过一会儿螃蟹会自动松开）

2. 探讨螃蟹的生活环境及习性。（教师可提前准备一些螃蟹的生活情景图片作为辅助）

3. 分享其他海洋生物的特征。（亲子探索：幼儿可回家与家长一起探讨后，在复习课上分享）

二、演唱与演奏

螃蟹歌

外国民谣

陈一诺　填词编配

三、律动游戏

1. 身体律动游戏《螃蟹歌》共 8 小节，歌词有 3 段。
2. 教师引导大家站成两到三排，排与排之间保持一臂距离。
3. 前奏：大家跟随恒拍原地踏步，感受音乐的速度与节奏。

4. 第 1 小节：大家双手叉腰，左脚不动，右脚跟随恒拍在右前方及右后方用脚尖各点地一下（在前后点地的姿势中感受 $\frac{2}{4}$ 拍的恒拍感）。

5. 第 2 小节：大家跟随歌词“八条腿”的节奏右左右地跳跃（在跳跃中感受八分音符与四分音符衔接的节奏型）。

6. 第 3 小节：大家的身体重心转移到右边，双手叉腰，右脚不动，左脚则跟随恒拍在左前方及左后方用脚尖各点地一下。

7. 第 4 小节：大家跟随歌词“不张嘴”的节奏左右左地跳跃。

8. 第 5 小节：大家跟随恒拍，模仿螃蟹横着向右走，同时双手五指张开扮作螃蟹的腿，在第一拍双臂呈 180 度打开，第二拍收拢。

9. 第 6 小节：大家模仿螃蟹横着向左走，手上动作同上一小节。

10. 第 7—8 小节：大家停止走动并站好，双手举过头顶后从上至下甩动，画圆放下，模仿被螃蟹夹到手后甩开的姿势。

11. 第二、三部分重复第一部分的动作即可。

四、任务拓展

1. 此曲的学习时长建议为 2 至 3 节课。

2. 演唱歌词“真讨厌”时，无须按照音高演唱，只需跟随节奏大声喊出即可，这样的音乐处理增强了画面感。

3. 钢片琴包含了 G 音及 A 音，以同样的节奏在 2、4、6、8 小节出现，幼儿手执音槌在两音之间变换敲击，确保演奏的准确性。熟练后，教师可引导幼儿仔细聆听音与音相互融合形成的音响效果。

4. 在律动动作熟练后，教师可尝试将音乐的速度调快来增加趣味性及难度。

五、任务反思与总结

在完成本课任务后，你对“中班幼儿音乐游戏设计与指导”是否有更好的创意教学思路，写出你的教学规划。

任务五　热闹的农场

宽敞农场　热闹非凡

学习目标

1. 引导幼儿在手鼓的演奏中，深入感知 $\frac{4}{4}$ 拍的恒拍感。
2. 引导幼儿初步体会 E、D、C 3 个音之间的级进关系。
3. 在乐器合奏中，使幼儿的肌肉协调性、专注力及反应能力得到极大锻炼。
4. 引导幼儿在踏步中体会旋律的音高走向，感受级进与跳进的关系。

课前准备

1. 手鼓、钢片琴或木琴（如乐器缺失，可选择其他乐器或用拍手替代）。
2. 查阅“附录”中手鼓与钢片琴或木琴的规范演奏方式并根据打击乐谱熟练演奏；熟练演唱《热闹的农场》的旋律。
3. 熟练第一部分中关于农场的童话故事及谜语。
4. 准备泡沫砖块用于律动游戏中“圆环桥梁”的搭建。

扫码获取本课资源包

一、任务介绍

头顶戴红冠，身穿五彩衣，每当天亮时，就把人叫醒。——公鸡

耳朵大大眼睛小，身体胖胖不洗澡，每天都在睡懒觉。——猪

身穿白棉袄，山坡上吃草，为了别人暖，剪掉一身毛。——羊

小朋友一起来猜猜，谜语里的动物是什么？它们通常会生活在哪里呢？对，是农场！试着想象，这些动物聚在一起该会有多么热闹！今天我们要学习的曲子就叫《热闹的农场》。现在，先让老师为你们讲一则有关《农场》的童话故事吧！

很久很久以前，有一个热闹的农场。主人养了许多猪。其中有一头小猪名叫哼哼，和别的小猪不一样，它竟然是青绿色的！像树叶一样绿油油的，非常特别。虽然哼哼觉得，别的小猪粉粉红红的也没什么不好，但它更喜欢自己的颜色。

然而其他小猪却不以为然，有的觉得哼哼是一只怪物，有的又非常妒忌它，于是它们一起排挤它，每天总是不停地吵吵闹闹，让主人觉得很烦恼。主人想："我得想个办法，让小猪们团结起来！"于是，在一个漆黑的夜晚，当小绿猪哼哼正在睡觉的时候，主人把它抓了出来，用粉红的染料开始给它涂抹全身。哼哼挣扎着大喊："不要啊！不要把我变成粉红色！我就是喜欢和别人不一样！"可是一切都太晚了，哼哼被主人从头到尾染成了粉红色。这样一来，它就跟别的小猪没有区别了。哼哼很伤心，偷偷地躲了起来。

那天夜里，农场的上空突然聚集了大片大片的乌云，一场倾盆大雨随之下了起来，淋湿了所有的小猪。但这次雨水却不像平常那样，而是青绿色的！第二天，所有被淋到的小猪都变成了青绿色——除了哼哼，他躲过了这场绿色的雨。但是他又开心了起来，因为现在粉红色的它，又和别人不一样了！

请思考：

1. 农场里除了有动物还有什么？（鱼塘、蔬菜、水果等）
2. 平常我们吃到的食物，哪些是从农场生产的呢？
3. 农场里还有其他什么动物？（亲子探索：幼儿可回家与家长一起探讨后，在复习课上分享）

二、演唱与演奏

热闹的农场

美国童谣

陈一诺 填词编配

三、律动游戏

1. 身体律动游戏《热闹的农场》共 8 小节，歌词有 3 段。

2. 教师用泡沫砖搭建一个圆环，圆环的尺寸依照可容纳人数的多少进行调整。

3. 大家围绕圆环站立并向左转，将右脚放在圆环上等待第一小节的到来。

4. 第 1 小节：大家手臂垂于身体两侧，五指张开跟随恒拍行走；1—2 拍右脚踏在圆环上，左脚走在地板上；3—4 拍右脚从圆环上下来，两脚根据恒拍踏步。

5. 第 2 小节：大家站在地面，每两拍双脚向前跳一下。

6. 第 3—4 小节重复第 1—2 小节的律动动作。

7. 第 5—6 小节：大家左脚不动，右脚跟随恒拍在圆环上踏步，体会 F（主音）的音高。

8. 第 5—6 小节重复第 1—2 小节的律动动作。

9. 间奏：大家向后转，将左脚踏于圆环之上。

10. 第二部分的动作除与第一部分动作左右相反之外，其他皆一致。

11. 间奏：大家再向后转，将右脚踏于圆环之上。

12. 第三部分动作与第一部分动作一致。

四、任务拓展

1. 此曲学习时长建议为 2 至 3 节课。感受音的级进关系是此曲的重点：教师引导幼儿通过钢片琴的演奏感受 Mi—Re—Do 3 个音的下行级进关系。

2. 律动环节的运动形态单一，能让大家在简单的踏步中感受旋律线条的起伏。对于低幼年龄段的孩子来说，在非平地上踏步并随时转移身体的重心有一定难度，教师可在律动开始前对踏步动作进行练习，确保活动过程中的安全性。

五、任务反思与总结

在完成本课任务后，你对“中班幼儿音乐游戏设计与指导”是否有更好的创意教学思路，写出你的教学规划。

任务六　手指家族

数字游戏　开发智力

学习目标

1. 引导幼儿熟悉阿拉伯数字 1 至 10，进一步了解古罗马数字。
2. 在律动中，引导幼儿灵活运用每个手指与数字的关系。
3. 通过练习手指操，使幼儿的小肌肉及关节得到全面锻炼。
4. 引导幼儿在乐器合奏中，能有效分辨手鼓及铃鼓的音色。
5. 引导幼儿体验恒拍，感受附点节奏型。

课前准备

1. 手鼓及铃鼓（如乐器缺失，可选择其他乐器或用拍手替代）。
2. 查阅“附录”中手鼓及铃鼓的规范演奏方式并根据打击乐谱熟练演奏；熟练演唱《手指家族》的旋律。
3. 熟练关于数字的陈述，可准备阿拉伯和古罗马数字的图片在课堂上展示，以辅助教学。
4. 为每个孩子准备一张卡片，用于开始的小游戏。

扫码获取本课资源包

一、任务介绍

今天我们要学习的歌曲叫作《手指家族》，内容是关于学数数的。大概在几十万年前，人类发现，世界上除了一只羊，还有许多许多小羊，除了一只牛，还有许多许多小牛，可是究竟有多少牛和羊，怎么表达数量，有人就尝试在绳子上打结，一只羊一个结，两只羊两个结，三只羊三个结……也有人用摆石头的方式，一只羊一块石头，两只羊两块石头，三只羊三块石头……可是，这些方法都不能很好地计算，特别是在数字变得很大时。后来，人们发明了数字，发明了计算方法。今天，我们使用的数字叫作阿拉伯数字（展示阿拉伯数字的图片），但是在阿拉伯数字出现之前，人们使用的是一种叫作“古罗马数字”的符号（展示古罗马数字的图片），大家一起来看看它们的区别吧！

1=Ⅰ　2=Ⅱ　3=Ⅲ　4=Ⅳ　5=Ⅴ　6=Ⅵ　7=Ⅶ　8=Ⅷ　9=Ⅸ　10=Ⅹ

11=Ⅹ+Ⅰ=Ⅺ

21=Ⅹ+Ⅹ+Ⅰ=ⅩⅪ

这里，“Ⅹ”代表了10，两个“Ⅹ”就是20，三个“Ⅹ”就是30。

数字小游戏：教师为每个孩子准备一张画有“Ⅹ”的卡片贴在他们胸前，随后随机喊出10、20、30，孩子们听到指令，10就单人起立，20则两人站在一起，30则三个孩子站在一起。

请思考：

1. 分别用阿拉伯数字与古罗马数字摆出班里学生的数目，或男生与女生的数目。
2. 古代人还会使用什么方法或符号去计数（亲子探索：幼儿可回家与家长一起探讨后，在复习课上分享）。
3. 分享生活中数字和数学的用处。

二、演唱与演奏

手指家族

日本民谣

陈一诺　填词编配

三、律动游戏

1. 身体律动游戏《手指家族》共 8 小节，歌词有 2 段。

2. 教师引导大家围成圆圈站好，静待音乐的开始。

3. 第 1—2 小节：大家伸出左手根据歌词中的“一二三四五”，用右手食指依次点左手的小指到大指（在手指操中深化数目的概念）。

4. 第 3—4 小节：大家伸出右手根据歌词中的“一二三四五”，用左手食指依次点右手的小指到大指。

5. 第 5—6 小节：大家根据“不够不够还有还有一只手”中每个字的节奏，手心朝外做左右摇摆动作。

6. 第 7—8 小节：大家在“千千万万数不清的好朋友”，牵手朝圆圈的中心聚拢。

7. 间奏时，大家手拉手重新围成圆圈。

8. 第二部分动作与第一部分一致，教师可按照需要循环播放音乐进行律动。

四、任务拓展

1. 此曲的学习时长建议为 2 至 3 节课。

2. 乐器合奏的主要难点在于第 2、4、6、8 小节中二分音符上的打击乐器，此时一个声部需在第三拍击打铃鼓，另一声部在第四拍击打手鼓，教师引导幼儿仔细聆听，以手势提示声部的进入。

3. 律动游戏中，教师如果感觉幼儿在“手指操”部分有难度，可改为手指开合的动作。

五、任务反思与总结

在完成本课任务后，你对“中班幼儿音乐游戏设计与指导”是否有更好的创意教学思路，写出你的教学规划。

任务七　Say Goodbye 再见歌

朋友你好　快乐拥抱

学习目标

1. 引导幼儿“懂礼貌讲文明”的好习惯。
2. 引导幼儿感受弱拍与强拍。
3. 引导幼儿在律动中体会音高的概念。
4. 引导幼儿了解左右的概念。
5. 乐器互动侧重于“对唱”而非合奏，这种方式可以很好地锻炼幼儿声部间的配合。

课前准备

1. 打棒（如乐器缺失，可选择其他乐器或用拍手替代）。
2. 查阅“附录”中打棒的规范演奏方式。
3. 熟练讲述《小猴子买礼貌》的故事，以及演唱《Say Goodbye 再见歌》的旋律。
4. 伴随演唱，根据乐谱提示熟练手部动作。
5. 搜集“讲礼貌”场景的素材。

扫码获取本课资源包

一、任务介绍

生活中，有许多需要讲礼貌的场合，比如我们之前学习的《Hello 问好歌》，以及今天学习的《Say Goodbye 再见歌》。今天，老师来跟大家分享一则跟礼貌相关的故事，故事的名字有点奇怪，叫作《小猴子买礼貌》。

有只小猴子，从来都不讲礼貌，它从不跟人打招呼，做错事情也不道歉；在公共场所总是大吵大闹，在学校也总和其他同学抢东西，不爱礼让。猴妈妈总是非常生气地说："你怎么就不能学着讲礼貌呢？"小猴子答道："学礼貌多麻烦啊！不如你给我点钱，我去买礼貌吧！"猴妈妈听到哭笑不得，想了想，就给了小猴子一些钱。小猴子拿到钱后高高兴兴地上街去了，它一路找呀找，究竟哪里有"礼貌"卖呢？它走进一家商店问："喂，这儿卖礼貌吗？"可是并没有人理它。于是它又去了下一家店："喂，这儿卖礼貌吗？"也没有人理它。一家、两家，小猴子花了一整天的时间，询问了小镇上许多商店都没有买到礼貌。只剩下最后一家店了，这是奶牛妈妈的店铺，平时奶牛妈妈对小猴子非常好，小猴想："奶牛妈妈肯定能帮到我！"它安静地等奶牛妈妈忙完之后，问："奶牛妈妈，你这里有礼貌卖吗？"奶牛妈妈听了之后笑着说："傻孩子，礼貌只能学会，它是买不到的！"小猴子没有买到礼貌，很惭愧，回到家对妈妈说："对不起，我找了很久都买不到礼貌。"妈妈笑呵呵地端出了晚饭："没关系，找了一天你肯定饿了吧，快来填饱肚子吧！"小猴子早已经饿坏了，它一边吃一边想，还是妈妈最好，我要感谢她："感谢妈妈对我这么好！"一句礼貌的话从小猴子嘴里说出来了！猴妈妈开心地说："好孩子，虽然你没有买到礼貌，但你已经学会啦！"

请思考：

1. 懂礼貌的情景还有许多，小朋友们可以想到什么呢？（做错事要道歉、遇到老人要让座、公共场合不吵闹等）

2. 我们为什么要懂礼貌讲文明？（讨论礼貌对个人及对社会的好处）

二、演唱与演奏

Say Goodbye 再见歌

美国童谣

陈一诺 填词编配

三、律动游戏

1. 身体律动游戏《Say Goodbye 再见歌》共 6 小节，歌词有 3 段。

2. 教师引导大家围成圆圈坐好，双腿屈膝朝前。

3. 前奏（共 6 小节 12 拍）：大家根据恒拍手臂抬起，双手轻拍肩膀。

4. 第 1 小节：大家在歌词“今天过得”处维持前奏动作，双手轻拍肩膀 2 下。在“很精彩”处根据旋律走向，大家双手下移根据恒拍轻拍腰部 2 下（手部的下移形象描绘了音高的降低）。

5. 第 2 小节：在歌词“是时候说声”处，大家根据恒拍双手轻拍肩膀 2 下。在两个“ByeBye”处旋律升高后降低，第一个“Bye”大家双手抬高轻拍头部 1 下，第二个“Bye”回到原位轻拍肩膀 1 下（感受音的高低走向）。

6. 第 3—5 小节：大家将手放在身体两侧，在“再见”两字时分别跺左右脚（根据恒拍，先左再右）。在“Say GoodBye”时，大家双手根据节奏型拍打地面。（两个八分音符与一个四分音符）。

7. 第 6 小节：在“天”时，大家的双脚与双手一起随恒拍拍打地面 4 下。

8. 间奏（2 小节），尽快调整姿势进入下一乐段。

9. 第三段结束后迎来较长的尾声，大家用双脚与双手一起在每一小节的正拍上整齐有力地拍打地面 4 次，结束乐曲（感受正拍及强拍）。

四、任务拓展

1. 此曲学习时长建议为 3 至 4 节课；

2 此曲可用作下课或放学前的告别仪式，教师可将曲中“Say Goodbye”一词换成某人的名字与小朋友进行互动。

3. 在乐器互动环节，教师可先让幼儿演奏拍手声部，过程中充分感受恒拍的律动，并使其大声唱出“Say Goodbye”，让“唱”与“拍”交替配合，待幼儿熟悉音乐之后再分组，叠加打棒环节进行演绎。

五、任务反思与总结

在完成本课任务后，你对“中班幼儿音乐游戏设计与指导”是否有更好的创意教学思路，写出你的教学规划。

任务八　四季歌

春夏秋冬　季季不同

学习目标

1. 引导幼儿了解四季更迭的原理。
2. 铃鼓音色的加入可以帮助幼儿更深入地体会波希米亚音乐风格。
3. 在合奏片段中，小鼓的演奏需仔细聆听鼓的恒拍，引导幼儿提高对拍子的稳定感，让其听觉能力及专注力得到锻炼。
4. 引导幼儿在律动中感受音的高低走向。

课前准备

1. 铃鼓与小鼓（如乐器缺失，可选择其他乐器或用拍手替代）。
2. 查阅“附录”中铃鼓与小鼓的规范演奏方式并根据打击乐谱熟练演奏；熟练演唱《四季歌》的旋律。
3. 熟练第一部分中关于四季的故事，准备与四季相关的图片课上进行展示。

扫码获取本课资源包

一、任务介绍

今天我们要学习的是《四季歌》。大家仔细听一听，这首曲子的曲调是不是别有一番味道，因为它是一首波希米亚民谣。春夏秋冬有各自的特色，今天老师要为大家讲一则关于《四季》的故事，大家仔细聆听之后，告诉老师究竟哪个季节是最重要的呢？

在古老的魔幻森林里，有一个四季王国，王国里住着四位主人，分别是：春姐姐、夏哥哥、秋妹妹和冬弟弟。每隔三个月，他们就会按照春夏秋冬的顺序来到人间，给人们的生活带来幸福和快乐。

有一天，秋妹妹从人间回来，骄傲地对大家说："人们都说秋天的枫叶最美，秋天的果实收获最多，所以大家都觉得在秋天是最幸福的！"其他季节听了，心里可不高兴了，于是他们争论了起来。春姐姐慢条斯理地说："人们都说，世间万物都是在春天开始生长的。所以，春天才应该排在第一！"夏哥哥暴跳如雷："胡说！排在第一的应该是我！夏天的大西瓜最香甜，夏天可以玩水，还有漂亮的萤火虫！"不等夏哥哥说完，冬弟弟大声叫道："我看，你们都是胡说八道。给予人们幸福最多的季节应该是冬！冬天小朋友们可以堆雪人、打雪仗，多幸福啊。而且喜气洋洋的春节就在冬天！"

大家各执己见，谁也不让谁。"停，别吵了。"夏哥哥说，"这样吧，现在我们分手，各自去一个村庄，看看到底哪个村庄的人最幸福，好吗？""好！"大家全部同意了。第二天，他们各自出发，春姐姐去了东村、夏哥哥去了西村、秋妹妹和冬弟弟分别去了南村和北村。一开始，村庄里的人各自都感觉很幸福，东村在春天里百花齐放、西村在炎炎夏日里吃着香甜的大西瓜、南村到处果实累累、北村的孩子们都在欢快地学滑雪。

这样的日子没过多久，各个村庄都传来抱怨声：东村被雨水淹没了、西村的大地干裂了、南村的树叶掉光了、北村的人们冻坏了……人们都在怀念四季交替的日子。此时，四季兄弟姐妹失望地离开了自己的村庄，回到了四季王国，他们伤心地说："看来我们都没有给人们带来幸福。"大自然爷爷看着大家，慈祥地说："不，其实每个季节都会让人们幸福。冬天的冰雪化作了春天的雨露，夏天的阳光孕育了秋天的果实，每个季节都同样重要，不可缺少，只要你们好好地相互合作，就能给人们带来多姿多彩的世界！"

于是，春夏秋冬四兄弟姐妹再次一起回到人间，根据自然法则互相合作，重新给人们的生活带来了幸福和快乐。

请思考：

1. 小朋友们你们最喜欢哪个季节？为什么？
2. 说说春夏秋冬分别有什么特性？（从气候特点及特色食物等方面去讨论）
3. 想一想，说一说，地球为何会有四季更迭。（地球围绕太阳公转的原理）

二、演唱与演奏

四季歌

波希米亚民谣

陈一诺　填词编配

三、律动游戏

1. 身体律动游戏《四季歌》共 8 小节，歌词有 4 段。

2. 教师引导大家围成一个圆圈，两人一组面对面站好。

3. 前奏（10 小节）：大家跟随恒拍双手轻拍大腿。

4. 第 1—2 小节：大家在每一拍轻拍大腿 2 次、拍手 2 次、肩膀 4 次（律动的手位伴随旋律的上扬逐渐上移，体会旋律走向）。

5. 第 3—4 小节：大家在每一拍分别做击掌 2 次、拍手 2 次、拍腿 4 次。

6. 第 5—6 小节重复 1—2 小节的律动动作。

7. 第 7 小节：大家在每一拍做击掌（双方右手击掌）、拍手、击掌（双方左手击掌）、拍手。

8. 第 8 小节：大家在第一拍击掌的同时向后转，与背后的小伙伴结成新的二人组进行下一轮的动作。

9. 第二、三、四段重复第一段的动作。

10. 尾声模仿前奏，此时大家双手轻拍大腿直至音乐结束。

四、任务拓展

1. 此曲的学习时长建议为 2 至 3 节课。

2. 乐曲的后半部（第 5—8 小节）演唱难度较大，学习初期可由教师自己演唱，请引导幼儿演唱前半部分，待逐步熟悉之后再一起演唱全曲。

3. 小鼓在每两小节的最后两拍进入，能做到准确进入需要有稳定的恒拍感，对幼儿来说是不小的挑战。活动中，教师可引导小鼓声部认真聆听铃鼓演奏的恒拍，从而伴随铃鼓的演奏一起准确进入。

4. 律动是根据旋律走向而定，这样的设定可以使幼儿更好地感受旋律线条。

五、任务反思与总结

在完成本课任务后，你对“中班幼儿音乐游戏设计与指导”是否有更好的创意教学思路，写出你的教学规划。

任务九 荡秋千

游戏玩耍 安全第一

学习目标

1. 启迪幼儿了解弱拍、重拍的概念，并在游戏中感受弱起与 $\frac{4}{4}$ 拍的韵律。
2. 引导幼儿感受并体会休止符带来的紧张感。
3. 引导幼儿在钢片琴上演奏不同的音，感受其和声色彩的变化。
4. 打击乐声部对节奏稳定性的把控及与其他声部齐奏的统一融合，对幼儿的听觉及手部肌肉都是很好的锻炼。
5. 通过律动游戏锻炼幼儿的合作意识。

课前准备

1. 三角铁、钢片琴或木琴（如乐器缺失，可选择其他乐器或用拍手替代）。
2. 查阅“附录”中三角铁、钢片琴或木琴的规范演奏方式。
3. 熟练讲述关于秋千的历史渊源及演唱《荡秋千》。
4. 伴随演唱，根据打击乐谱熟练演奏三角铁、钢片琴或木琴声部。

扫码获取本课资源包

一、任务介绍

木头做的架子，上面两条辫子，下面绑块板子，上面坐个孩子。

小朋友们来猜一猜，这是什么游戏项目？对这就是我们很熟悉的秋千。今天我们要学习的曲子就叫《荡秋千》，它是一首来自美国的歌曲。其实，秋千这个游戏有着非常古老的历史，早在远古时期，我们的祖先为了爬得更高采摘挂在树上的果实，或跑得更快追捕猎物，他们会尝试通过抓住树上垂下的枝条摇荡跨越深沟，这就是“秋千”最开始的作用。后来，人们发现其中的乐趣，创造了“荡秋千”这样的游戏，并在春秋时期传入中原地区。对于古代人来说，因为秋千的制作非常简单，人们也比较容易学会，所以非常受欢迎！小朋友们在生活中，会经常做哪些有趣的游戏呢？

有座桥，不算高，你上我下真热闹。上桥一级一级爬，坐着一溜就下桥。

——滑滑梯

有一个小女孩，很逗人喜爱，可是为什么伙伴们都躲着她？

——捉迷藏

圆圆滚滚，黑黑白白，爱进门口，头顶脚踢，不能用手。

——踢足球

请思考：

1. 小朋友们可以分享一下自己喜欢玩的游戏，并介绍一下玩法吗。

2. 我们在荡秋千时要注意什么？（安全意识及游戏技巧的分享）

3. 试着想象，如果我们的秋千越荡越长，越荡越高，会发生什么有趣的事？（飞过树梢？遇见大雁？然后随即引入歌曲的教学环节）

二、演唱与演奏

荡秋千

英国童谣

陈一诺 填词编配

三、律动游戏

1. 身体律动游戏《荡秋千》共 8 小节，歌词有 3 段。

2. 教师引导大家两人（A&B）一组前后坐下，B 将手搭在 A 的肩上，A 则双手攥拳放在胸口两边，模仿荡秋千时抓绳子的模样。

3. 前奏（2 小节 8 拍）：大家仔细聆听音乐，等待第一乐句的到来。

4. 第 1—2 小节：歌词中的“来”字在弱起拍上，此时 B 轻轻往后拉 A，随后在“跟”

字时又将 A 轻轻推出。接下来，B 的双手不离开 A 的肩膀，两人一起做前后摇摆的动作，这一流畅连贯的动作延续至下一乐句（在荡秋千弱拍往后拉，正拍往前推的律动中植入弱起概念）。

5. 第 3—4 小节：歌词中的“一”在弱拍，此时 B 无须刻意将 A 往后拉，只需延续前一句“荡回来”的动作即可。随后在歌词“荡”中进入正拍，重复第 1—2 小节的动作。

6. 第 5—6 小节重复第 1—2 小节的动作。

7. 第 7 小节：歌词中的“如”在弱拍，“果”在重拍，此时 B 轻轻推 A 后双手离开 A 的肩膀。

8. 第 8 小节：此时 A、B 需在空拍迅速捂住自己的眼睛，保持姿势唱完“闭上眼”（体会休止符带来的紧张感）。

9. 第二段与第三段的律动与第一段相同，过程中 A 和 B 可以互相交换。

四、任务拓展

1. 此曲的学习时长建议为 3 至 4 节课。

2. 这里三角铁的演奏难度较低，注意敲击完毕之后不要用手触碰器乐，使其声音得到充分释放。钢片琴部分，幼儿需准确地演奏 D、E 音，保持节奏稳定。

3. 这首曲子风格灵动清新，每个乐句都由弱起音符开始，教师需引导幼儿仔细感受其弱起感。

4. 此曲前奏较短，中间无间奏，律动时教师需提醒幼儿提前做好准备，尽快进入状态，过程中保持注意力集中。

5. 让幼儿在第 8 小节的空拍捂住眼睛也不是一件容易的事，需多加练习，熟练后再配合动作完成游戏。

五、任务反思与总结

在完成本课任务后，你对“中班幼儿音乐游戏设计与指导”是否有更好的创意教学思路，写出你的教学规划。

任务十　摇篮曲

亲爱宝贝　快快入睡

学习目标

1. 引导幼儿初步感受摇篮曲的基本风格。

2. 引导幼儿体会 $\frac{2}{4}$ 拍的恒拍感。

3. 引导幼儿在律动游戏中分辨三角铁及小鼓的音色。

4. 无论是器乐合奏中声部间的配合还是律动游戏中的互动，都可以极大程度地锻炼幼儿的团队协作能力及专注力。

课前准备

1. 沙锤与三角铁（如乐器缺失，可选择其他乐器或用拍手替代）。

2. 查阅“附录”中沙锤与三角铁的规范演奏方式并根据打击乐谱熟练演奏；熟练演唱《摇篮曲》的旋律。

3. 熟练《摇篮曲》的故事。

4. 准备小鼓用于律动游戏。

扫码获取本课资源包

一、任务介绍

一个小篮子，不买菜，不装菜，只装我的乖宝宝。

——摇篮

小朋友来猜猜，这个谜语的谜底是什么？对，它就是摇篮。小朋友们在入睡的时候，会做些什么呢？（引导幼儿进行分享，父母是如何哄他们入睡的——播放音乐、唱童谣、讲故事等）。今天我们学习的是德国著名作曲家舒伯特的《摇篮曲》。摇篮曲，就是用来哄宝宝入睡的歌曲，关于舒伯特的这首摇篮曲，有这样一个非常有趣的故事：

虽然在我们看来舒伯特非常有名，但是当时的他却贫困潦倒，不光是没有钱买自己喜欢的东西，有时甚至连饭都吃不上。一天晚上，他的肚子又饿到咕咕直叫，只好漫无目的地在街上徘徊。他想："要是此时能碰见一个朋友就好了，这样我就可以跟他借点钱买东西吃。"

不知不觉，他来到一家餐厅门前，被门内飘来的一阵菜香味吸引。他情不自禁地走进餐厅，在一张桌子前坐下，点了一份土豆烧牛肉。正当他在思考如何结账的时候，忽然发现餐桌上有一张旧报纸，上面写有一首小诗："睡吧，睡吧，我亲爱的宝贝，妈妈双手轻轻摇着你……"写得多好啊！这首朴素又动人的诗歌，深深地打动了舒伯特的心，他不禁想起自己的妈妈，回想起小时候母亲轻轻哼着歌谣哄他入睡的情景。舒伯特再也抑制不住自己的情感，从口袋里掏出纸和笔，一边哼唱着，一边快速写下了这首《摇篮曲》。

当曲子写好后，舒伯特点的土豆烧牛肉也上桌了。老板虽然不懂音乐，却被优美的曲调所打动，于是舒伯特便将这首曲子送给了餐厅老板，换来了这份土豆烧牛肉！

请思考：

1. 分享其他摇篮曲（教师可提前准备其他作曲家的摇篮曲，如勃拉姆斯、莫扎特等，或者其他民间歌谣）。

2. 承接上一个互动内容，浅谈摇篮曲的基本风格（轻松、安静、舒缓）。

3. 分享及启发幼儿说出睡觉时的姿势以及醒来的状态，用于第四部分的律动游戏之中。

二、演唱与演奏

摇篮曲

［奥］舒伯特 曲
陈一诺 编配

三、律动游戏

1. 身体律动游戏《摇篮曲》共 16 小节，乐句结构为 8+8。

2. 教师引导大家随机选择一个位置，以任意的姿势躺下，自己则拿着沙锤及三角铁在人群中坐下。

3. 播放音乐，大家仔细聆听感受躺在摇篮里睡觉的情景。

4. 教师：教师跟着恒拍随机敲击沙锤（2—3 次）——苏醒信号，敲击三角铁（1 次）——沉睡信号，注意间隔时间不可太短。

5. 幼儿：幼儿仔细聆听教师释放的律动信号，听到教师敲击沙锤时全体从睡梦中慢慢醒来（即兴动作，模仿刚睡醒的样子），听到教师敲击三角铁时，则慢慢躺下进入沉睡状态（模仿睡着的样子）。

6. 全曲重复一遍，幼儿随机进行律动动作直到音乐结束。

四、任务拓展

1. 此曲的学习时长建议为 2 至 3 节课。

2. 歌曲中有个别词存在一字多音的情况，教师需对其进行细致教唱。

3. 教师需引导幼儿控制乐器演奏的音色及音量，表现出乐曲应有的静谧安宁之感。

4. 律动游戏中即兴表演相关动作对幼儿来说有一定难度，教师可以在游戏开始前增加讨论环节，引导他们说出多种苏醒及沉睡的姿势及状态（平睡、侧睡、趴睡与慢慢醒来、惊醒、站不稳等）。

五、任务反思与总结

在完成本课任务后，你对“中班幼儿音乐游戏设计与指导”是否有更好的创意教学思路，写出你的教学规划。

项目三　大班幼儿音乐游戏的设计和指导

任务一　青蛙音乐会

音乐派对　载歌载舞

学习目标

1. 引导幼儿对各类乐器有初步认知。

2. 引导幼儿听辨小鼓与大鼓的音色区别。

3. 引导幼儿在乐器合奏中感受重音与众不同的存在。

4. 律动所展现的“一器多用”，可以很好地激发幼儿的想象能力。

5. 引导幼儿正确演奏重音，过程中需随时关注幼儿的注意力，激发他们对音乐的想象力及判断力。

课前准备

1. 小鼓与大鼓（如乐器缺失，可选择其他乐器或用拍手替代）。

2. 查阅“附录”中小鼓与大鼓的规范演奏方式并根据打击乐谱熟练演奏；熟练演唱《青蛙音乐会》。

3. 准备几种乐器图片用于互动教学环节，让幼儿对号入座以降低猜谜游戏的难度。

4. 准备沙锤用于律动游戏。

扫码获取本课资源包

一、任务介绍

今天我们要学习的曲子叫《青蛙音乐会》。说到音乐会，就可以联想到许多的乐器，比如我们平时音乐课上使用的各种小乐器。其实，我们每个人身上，都带着一件乐器，这件乐器随时随地陪伴在我们身边，你们知道是什么吗？它就是我们的声音！我们的声音可以表现出许多美妙的音乐，就像乐器一样！现在，大家一起来猜一猜，谜语中讲的又是哪些乐器呢？

大怪物，三条腿，黑白牙齿几十颗，一咬起牙就唱歌。

——钢琴

脸蛋圆圆，肚子空空，天天挨揍，大喊大叫。

——鼓

一条小巷，许多天窗，一阵风来，歌声响起。

——笛子

喇叭花，嗓门大，打仗不能没有它！

——小号

有弓不能射，有线不能缝衣裳！

——提琴

请思考：

1. 乐器猜猜猜。（教师提前准备不同乐器的音频片段及图片在课上播放，让幼儿找出与音频相对应的乐器）

2. 探讨不同乐器是如何发声的。（例如小提琴和二胡，是用弓子拉弦发出声音的；小号是靠吹入气体引起振动而发出声音的；还有鼓和木琴，则是在外力的敲击下发出声响。教师可配合图片进行讲解）

3. 分享喜欢的乐器，并说出原因。（亲子探索：幼儿可回家与家长一起探讨，然后将搜索到的乐器打印出来于复习课上分享）

二、演唱与演奏

青蛙音乐会

外国民歌

陈一诺 填词编配

三、律动游戏

1. 身体律动游戏《青蛙音乐会》共 8 小节，歌词有 3 段。

2. 教师引导大家围成圆圈站好，给每位幼儿发一个沙锤。

3. 第 1 小节：大家左手掌心朝上握住沙锤尾部，右手手指由上而下跟随恒拍模仿弹吉他的动作扫沙锤头部 4 次（感受 $\frac{4}{4}$ 拍的恒拍感）。

4. 第 2 小节：大家跟随恒拍手部继续做弹吉他动作，腿部在四拍的进行中依次左前—右前—左后—右后迈步，最后回到原位。

5. 第 3—4 小节重复第 1—2 小节的动作。

6. 第 5—8 小节：大家停止腿部动作，手部原地做弹吉他动作，由原本一小节扫 4 次变为只扫第 2、4 拍（锻炼幼儿的内心听觉，训练其对节拍的反应能力）。

7. 第二部分：律动与第一部分大致相同，只是将模仿弹吉他的动作改为吹喇叭的动作。具体律动动作为，右手在第 1—4 小节跟随恒拍轻拍握住沙锤的左手，模仿吹喇叭的动作；第 5—8 小节右手在每一小节的第 2、4 拍轻拍左手，腿部动作与第一部分相同。

8. 第三部分：第 1—4 小节，摊开左手，使握住沙锤尾部的右手跟随恒拍将沙锤的头部敲击左手；第 5—8 小节，右手在每一小节的第 2、4 拍敲击沙锤，腿部动作参照前面此处的动作。（律动中所展现的“一器多用”，可以很好地激发幼儿的想象力）。

四、任务拓展

1. 此曲的学习时长建议为 2 至 3 节课。

2. 注意在乐器合奏的第 1—4 小节，本该是重拍的第 1、3 拍由小鼓演奏，弱拍则由大鼓演奏，这样的弱—强—弱—强组合给我们的耳朵带来失重的感觉，别有一番趣味。这样的安排也为第 5—8 小节处小鼓停止演奏，剩大鼓声部，大鼓在没有小鼓声部的配合下做到准确演奏打下基础，对幼儿来说有一定的挑战，训练初期教师应在重拍给予提醒。

五、任务反思与总结

在完成本课任务后，你对“大班幼儿音乐游戏设计与指导”是否有更好的创意教学思路，写出你的教学规划。

任务二　小狗的烦恼

美好世界　一起寻宝

学习目标

1. 引导幼儿初步了解动物语言。
2. 引导幼儿学习钢片琴、木琴的双音演奏，使幼儿左右手的协作能力得到锻炼。
3. 引导幼儿在钢片琴的演奏下，启发幼儿感受调性中C音（主音）及G音（属音）的音响及关系。
4. 引导幼儿在律动环节感知前十六后八的节奏音型。

课前准备

1. 响板与钢片琴或木琴（如乐器缺失，可选择其他乐器或用拍手替代）。
2. 查阅“附录”中响板与钢片琴或木琴的规范演奏方式并根据打击乐谱熟练演奏；熟练演唱《小狗的烦恼》。
3. 熟练诗歌《偷烦恼的人》。
4. 准备不同的动物叫声，在课上播放。

扫码获取本课资源包

一、任务介绍

今天我们要学习的曲子是《小狗的烦恼》。每个人都会有自己的烦恼，那么小朋友们的烦恼又是什么呢（此处可以引导小朋友进行讨论）？让我们一起来听一首诗歌，仔细听，最后要回答老师的问题！

偷烦恼的人

姐姐说，长大后我要成为老师，
写漂亮的字，写美丽的诗。
爸爸听完，开心地笑了。
哥哥说，长大后我要成为园丁，
种芬芳的花，种魁梧的树。
妈妈听完，开心地笑了。
妹妹说，长大后我要成为厨师，
煮好喝的汤，煮美味的菜。
大家听完，都开心地笑了。
而我说，长大后我要成为小偷。
还没说完，爸爸妈妈都生气了。
他们不知道，其实我只想偷走大家的烦恼。[①]

——陈一诺

请思考：

1. 什么是烦恼？（不开心或担心的事。）

2. 烦恼可以被偷走吗？当我们遇到烦恼时，该怎么办呢？（与爸爸妈妈、老师、朋友倾诉，一起想办法解决。）

3. 学会关心爸爸妈妈或者其他长辈的烦恼。（亲子探索：幼儿可回家与家长一起探讨，并在复习课上分享）

① 最后一句可以改为，他们不知道，其实我想偷走的是……具体内容由幼儿自行设定。

二、演唱与演奏

小狗的烦恼

法国民歌

陈一诺 填词编配

诵读：

汪汪汪汪，小狗有些烦恼，它想要逃跑，去外太空寻宝。

汪汪汪汪，小狗有些苦恼，找不到伙伴，陪它一起寻宝！

三、律动游戏

1. 身体律动游戏《小狗的烦恼》共9小节，歌词有3段，律动内容与歌词情景息息相关，生动有趣。

2. 教师将大家分为 A、B 两组，A 组成员牵手围成圆圈，B 组成员则坐在圈内（A 组饰演小狗，B 组扮演其他动物），准备就绪后 A 组成员诵读童谣后播放音乐。

3. 第 1—4 小节：B 组成员双手举在头顶，闭上双眼，手指做“6”的手姿势（即除 1、5 指外，其他手指收起）模仿“牛角”，身体则随恒拍左右摇晃；A 组成员则随音乐节奏顺时针行走（模仿歌词情景，感受 2/4 拍的恒拍感）。

4. 第 5—6 小节：B 组成员继续保持第 1—4 小节的动作，A 组成员唱到“别睡觉”及“聊一聊”时随歌词拍手 3 次（在拍手的引导下感知前十六后八的节奏型）。

5. 第 7—8 小节：A 组成员唱“汪汪汪”，B 组成员唱“哞哞哞”，双方在唱到自己的声部时随歌词拍手 3 次（再次感知前十六后八的节奏型）。

6. 第 9 小节：合唱，停止律动为下一部分做准备。

7. 第二部分第 1—4 小节：B 组成员双手大拇指竖立在头顶模仿“羊角”，闭上眼睛，身体随恒拍左右摇晃；A 组成员继续跟随音乐节奏顺时针行走。

8. 余下部分唯一的不同是对唱部分多出了一小节，其演唱内容及律动与前一致。

9. 第三部分第 1—4 小节：B 组成员双手竖立 2、3 指举至头顶模仿“猫耳朵”，眼睛闭上，身体随恒拍左右摇晃；A 组成员则同样牵手跟随音乐节奏顺时针行走。

10. 余下部分唯一的不同是对唱部分多出两小节，其演唱内容及律动与前一致。

11. 第三部分第 9 小节：B 组成员在合唱时起立，穿插进 A 组的圆圈中一起牵手随恒拍顺指针转动至乐曲结束。

四、任务拓展

1. 此曲的学习时长建议为 3 至 4 节课。

2. 教师在乐器合奏和律动游戏中需提前对幼儿进行分组，可有效帮助他们记住自己在游戏中的角色。熟悉后，再让幼儿进行角色互换，感受更多体验。

3. 乐器合奏中的难点在于钢片琴声部，此时幼儿需左右手各持一个音槌，在音乐的前半段先右再左演奏 C 音和 G 音，后半段则需同时下键，此时幼儿在保持节奏稳定及音高准确度上具有一定挑战，需花时间练习。

4. 此曲中的律动游戏动静结合，两组内容从各不相同到最后相互融合，操作起来存有一定难度。为避免课堂秩序混乱，教学初期可由教师扮演 A，即小狗的角色，全体幼儿扮演其他动物，熟悉后再进行分组。乐器合奏的教学亦可参照此模式，由教师使用响板，其他人演奏钢片琴。

五、任务反思与总结

在完成本课任务后，你对“大班幼儿音乐游戏设计与指导”是否有更好的创意教学思路，写出你的教学规划。

任务三　身体扭一扭

扭扭身体　健康第一

学习目标

1. 启发幼儿对身体各部位有一定的了解。
2. 引导幼儿在稳定的节拍中感受弱起的重音感。
3. 引导幼儿听辨双响筒及碰铃音色，进而学会使用两种乐器。
4. 引导幼儿在律动游戏中身体的灵活性和反应能力得到充分锻炼，强化肌肉耐力。

课前准备

1. 双响筒与碰铃（如乐器缺失，可选择其他乐器或用拍手替代）。
2. 查阅“附录”中双响筒与碰铃的规范演奏方式。
3. 根据打击乐谱熟练演奏双响筒及碰铃声部。
4. 熟练背诵几则谜语，幼儿也可自行准备一些谜语分享。

扫码获取本课资源包

一、任务介绍

今天学习的新曲子叫《身体扭一扭》，旋律源于英国的一首童谣。下面我们一起玩一个介绍身体部位的接龙游戏，从头到脚可以是头发、额头……引导幼儿依次说出眉毛、睫毛……尽可能详细。看来大家都很熟悉自己的身体，现在我们一起来猜几个关于身体部位的谜语吧！

叶子有两片，左右各一边，说话听得见，终身看不见。

——耳朵

两个房子一样宽，大门常开也常关，房内可容千万人。

——眼睛

高高山上一堆草，密密麻麻长得好，黑变白来多变少。

——头发

上下两队兵，守护洞门里，哪个跑进来，马上被粉碎。

——牙齿

十个秃头小孩，分开站成两排，同床同被同睡，分穿两件衣裳。

——脚趾

请思考：

1. 小朋友们平时都会做什么运动去锻炼身体？
2. 我们如果不经常锻炼身体会有什么后果？
3. 除了保持运动之外，我们还可以做些什么去保持身体健康？

二、演唱与演奏

身体扭一扭

英国童谣

陈一诺 填词编配

三、律动游戏

1. 身体律动游戏《身体扭一扭》共 8 小节，歌词有 3 段，包含 3 组律动。

2. 教师引导大家围成圆圈手牵手站立，前奏共 4 拍，大家随音乐节奏左—右—左—右晃动身体，过程中保持牵手。

3. 第 1 段弯腰律动：根据歌词大家在第 1 小节身体向左扭，第 2 小节身体向右扭，第 3 小节弯腰，第 4 小节松开手碰触各自的脚尖。在第 5—6 小节，大家随恒拍依次按照歌词的顺序碰触膝盖、屁股及肩膀。在第 7—8 小节，大家重新牵回左右小朋友的手，律动同前奏（感受恒拍节点，认识左右，使身体在弯曲与伸展中得到锻炼）。

4. 第 2 段延伸律动：根据歌词大家在第 1 小节身体向左扭，第 2 小节身体向右扭，第 3 小节身体向左扭，第 4 小节身体向右扭。在第 5—6 小节，大家松开牵住的手，双手尽量高举。在第 7—8 小节，大家重新牵回左右小朋友的手，律动同前奏。

5. 第 3 段跳跃律动：根据歌词大家在第 1 小节向前走两步，头部轻轻左右扭动后松开手；第 2 小节身体旋转一圈拍手，第 3 小节双手叉腰，第 4 小节原地跳跃。在第 5—6 小节，大家双手叉腰向前向后跳跃（跳跃速度随幼儿自身情况而定，无须强求跟随节奏，但需要尽可能跳起来）。在第 7—8 小节，大家重新牵回左右小朋友的手，律动同前奏。

6. 结束后，从第一组动作开始重复一次。

四、任务拓展

1. 此曲的学习时长建议为 3 至 4 节课，在新课前或讲故事时（第一部分）可将音乐提前播放给幼儿聆听，让其充分感受音乐的节拍律动。

2. 在深化律动游戏中，教师可逐渐要求幼儿的动作对准恒拍节奏，加强身体各部位肌肉的控制能力。碰铃在每句的重音上出现，对幼儿来说较难控制，需要加强练习。

五、任务反思与总结

在完成本课任务后，你对“大班幼儿音乐游戏设计与指导”是否有更好的创意教学思路，写出你的教学规划。

任务四 快来骑马 DaDaDa

马儿乖乖 跑得真快

学习目标

1. 引导幼儿感受 $\frac{6}{8}$ 的节奏韵律。
2. 引导幼儿感知不同音乐速度所带来的音乐情感表达。
3. 引导幼儿听辨双响筒两边的音色，感受五度音高带来的惟妙惟肖的马蹄声响。
4. 在不同的速度中准确地进行演唱或演奏，可以很好地锻炼幼儿的听辨能力。
5. 引导幼儿探索音乐，反映其中不同的歌词“语境”。

课前准备

1. 打棒与双响筒（如乐器缺失，可选择其他乐器或用拍手替代）。
2. 查阅“附录”中打棒与双响筒的规范演奏方式并根据打击乐谱熟练演奏；熟练演唱《快来骑马 DaDaDa》。
3. 准备骑马的图片，并讲解骑马时的着装及装备。
4. 准备绳圈若干，用于律动游戏。

扫码获取本课资源包

一、任务介绍

今天我们要学习的曲子是《一起骑马 Da Da Da》。马的耐力非常好，可以翻山越岭，跋山涉水，在没有汽车之前，马是人类最重要的交通工具。古时候的儿童，常常玩一种叫作“骑竹马”的游戏：以竹竿当马，骑在竹竿上，用手握住竹竿的一端奔跑。今天，老师跟大家分享一首由我国早期音乐教育家沈心工先生创作的学堂乐歌《竹马》。其中词是这样写的：

小小儿童志气高，要想马上立功劳。
两腿夹着一竿竹，洋洋得意跳又跳。
马儿马儿真正好，跟我南北东西跑。
一日能行千里路，不吃水也不吃草。

——沈心工

请思考：

1. 思考一下马从古至今的应用场景。（代步、载货、打仗及赛马等）
2. 分享骑马的经历及感想。（刺激、紧张及优美）
3. 介绍一下骑马所需要的工具。（缰绳、鞭子、服饰，教师可自备图片进行讲解，为随后的律动环节做铺垫）

二、演唱与演奏

快来骑马 DaDaDa

外国民歌

陈赛、陈一诺 填词编配

三、律动游戏

1. 身体律动游戏《快来骑马 DaDaDa》共 21 小节，歌词分 4 个部分，每段音乐的速度均有变化，律动需紧跟速度。

2. 教师将大家分为两人一组前后站立，距离大约半米，给每组发一条绳圈将其套住。（模仿骑马的动作，与歌词情景描述一致）

3. 第 1 句：每组的前者饰演马，后者两手抓住缰绳轻轻往后拉，模仿骑马的场景，同时根据节奏一起跳马步（每 3 拍跳一下，同合奏中打棒的节奏）。此片段描述了“小姐姐骑马”的情景，中等速度，跳跃时动作轻盈。

4. 第 2 句：组员继续根据恒拍跳马步，此片段描述了小哥哥骑马的情景，速度稍加快，力量也有所加强，跳跃时动作更活跃有力一些。

5. 间奏：两人在第 3 乐句前的间奏转身，互换角色。

6. 第 3 句：两人继续根据节奏缓慢行走，身体一摇一摆，描述了老爷爷骑马的情景，速度突然变慢，步伐变得沉重，左右摇摆。跳跃的动作可变为蹲起，双脚无须离地。

7. 第 4 句：两人继续根据节奏跳马步，描述了布鲁克骑马的情景，速度变得欢快，与前一段形成鲜明对比。

8. 尾部：在最后一小节全体在第一拍（重音）做挥鞭子的动作，干脆利落地结束乐曲。

四、任务拓展

1. 此曲的学习时长建议为 2 至 3 节课，可提前让幼儿聆听音频，感受音乐节奏带来的情绪变化。

2. 想要幼儿迅速掌握每个段落的速度变化，在乐器演奏时可由教师大声唱出第 1 小节，借此来提醒幼儿此段落的速度。在幼儿掌握了速度变化后，教师可启发他们从音乐的强弱、快慢等元素对情景刻画所起的作用。

五、任务反思与总结

在完成本课任务后，你对“大班幼儿音乐游戏设计与指导”是否有更好的创意教学思路，写出你的教学规划。

任务五　云儿追呀追

风儿悠悠　白云飘飘

学习目标

1. 引导幼儿了解诗歌，拓展想象力。

1. 引导幼儿在不同的速度中把握 $\frac{4}{4}$ 拍的恒拍感。

3. 引导幼儿分辨并感知串铃及沙锤的音色。

4. 在游戏各环节的配合中，使幼儿的专注力及听辨力得到锻炼，倾听习惯得到培养。

课前准备

1. 沙锤与三角铁（如乐器缺失，可选择其他乐器或用拍手替代）。

2. 查阅“附录”中沙锤与三角铁的规范演奏方式并根据打击乐谱熟练演奏；熟练演唱《云儿追呀追》。

3. 熟悉儿童诗《白云怎么了》。

4. 准备串铃及两个玩偶用于律动游戏。

扫码获取本课资源包

一、任务介绍

今天我们要学习的歌曲叫作《云儿追呀追》。当我们抬头仰望天空时，总会见到一朵朵白云随风飘动，好像在追逐嬉戏。现在，老师分享一首儿童诗《云儿怎么了》给大家。

云儿怎么了

云儿渴了，喝了口牛奶，
于是它变成了一片片白云。
云儿馋了，吃了颗糖果，
于是它变成了一块块棉花糖。
云儿饿了，
吞下了鸡蛋、香蕉、玉米、萝卜，还有一头小猪，
于是它变成了许许多多不同的形状。
云儿吃撑了，在天上一动不动，
于是风来了，鼓起嘴巴吹了口气，
云儿都吓跑了！

——陈一诺

请思考：

1. 想一想，天上的白云都有哪些形状？像什么动物呢？
2. 猜猜看，白云摸起来是柔软的还是坚硬的？我们可以站在云朵上吗？
3. 如果可以尝一尝，你们觉得白云会是什么味道呢？

二、演唱与演奏

云儿追呀追

加拿大民歌

陈一诺 填词编配

三、律动游戏

1. 身体律动游戏《云儿追呀追》共8小节，歌词有3段，音乐速度时快时慢，充满乐趣。

2. 教师引导大家围成圆圈坐下，随机选一位幼儿并将事先准备好的玩偶给他，教师则左右手分别拿着沙锤和串铃，在圆圈中坐下。

3. 播放音乐，大家仔细聆听并感受教师用沙锤或串铃打出的恒拍（一小节4次）。

4. 选中的幼儿从第一拍开始以恒拍的速度，将玩偶按顺时针方向传递给下一个小伙伴（集中注意力按沙锤或串铃所指示的速度传递玩偶）。

5. 教师可在不同段落更换乐器，幼儿需及时调整传递玩偶的方向继续游戏。（教师可随机在任何一拍变化，乐器继续在恒拍上的演奏）。

四、任务拓展

1. 此曲的学习时长建议为2至3节课，教师在课前可先熟悉歌曲伴奏，及时对乐曲不同段落的速度做出相对的律动。

2. 乐器合奏中的沙锤声部，演奏时幼儿需准确把握歌曲的恒拍及休止，以增强内心听觉。

3. “传递”与“接收”是此律动游戏重要的组成部分。幼儿在律动游戏中需注意3个主要事项：（1）聆听教师所演奏的恒拍速度，跟随节奏传递玩偶；（2）时刻关注玩偶的传递位置，提前做好准备“接收”玩偶。熟练后可以增加一个玩偶，提升游戏难度的同时增强趣味性。（3）能够很好地分辨沙锤和串铃的音色，在教师更换乐器后及时转换传递方向。游戏开始前，教师可先向幼儿介绍沙锤和串铃的音色（沙沙声和叮当声）。

五、任务反思与总结

在完成本课任务后，你对“大班幼儿音乐游戏设计与指导”是否有更好的创意教学思路，写出你的教学规划。

任务六　船歌

船上歌唱　心中荡漾

学习目标

1. 引导幼儿认识不同的船只。
2. 引导幼儿感知 $\frac{3}{4}$ 拍的韵律。
3. 引导幼儿从乐器合奏中感受三拍子的不平衡感。
4. 引导幼儿在彩带的律动中感知长音的饱满及乐句间的推动感。
5. 引导幼儿在手脚交替运行的律动中，使身体协调能力及反应能力得到锻炼。

课前准备

1. 串铃与碰铃（如乐器缺失，可选择其他乐器或用拍手替代）。
2. 查阅“附录”中串铃与碰铃的规范演奏方式并根据打击乐谱熟练演奏；熟练演唱《船歌》。
3. 熟悉诗歌《小小船长》，准备不同类型的船只图片，课上展示。
4. 按人数准备 60—80 厘米的彩带用于音乐律动游戏部分。

扫码获取本课资源包

一、任务介绍

小朋友们坐过船吗？有没有试过在夜晚躺在甲板上看星星？今天要学习一首德国的民歌《船歌》，它描述的就是在船上看星星的情景。船儿究竟是如何动起来的呢？你们认真听听《小小船长》这首诗，也许会从中找到答案。

小小船长

我在小小竹排上，撑着篙，
沿着小溪，去到我想去的地方。
我在小小的木舟上，划着桨，
沿着小河，去到我想去的地方。
我在小小的帆船上，乘着风，
沿着海岸，去到我想去的地方。
我在大大的轮船上，掌着舵，
开向海洋，去到我想去的地方。

——陈一诺

请思考：

1. 大家还知道其他类型的船只吗？（游艇、快艇、渔船、潜水艇、航空母舰等）
2. 小朋友们坐过船吗？有什么感受？
3. 教师朗读叶圣陶的《小小的船》，为幼儿讲述在船上看星星的场景。

二、演唱与演奏

船歌

德国民歌

陈一诺 改编

三、律动游戏

1. 身体律动游戏《船歌》共 16 小节，音乐重复一遍，第二遍在尾声处稍有变动。
2. 教师引导大家围成圆圈站好后一起向左转，同时左手轻轻握住彩带的一端。
3. 前奏（10 小节）：大家跟随恒拍慢慢顺时针走动（感受拍恒的律动）。
4. 第 1—2 小节：在歌词“看星星”处大家继续之前的律动，按顺时针走恒拍。第 2

小节第一拍“多明”处，脚随恒拍踏步，同时右手将彩带从左手慢慢抽出并在头顶快速画圈，第二、三拍定住不动（停顿可让幼儿形象地感知二分音符长音的饱满）。

5. 随后右手轻轻握住彩带。第 3—4 小节：在歌词“闪闪的”处保持先前顺时针走恒怕的律动，到第 4 小节第一拍“星光”处，脚随恒拍踏步的同时左手将彩带从右手慢慢抽出并在头顶快速画圈，第二、三拍定住不动。

6. 第 5—6 小节重复第 1—2 小节的动作，第 7—8 小节重复第 3—4 小节的动作。

7. 全体在第 8 小节做挥动彩带的动作之后向后转，以逆时针方向继续做后半部分的律动。

8. 第 9—16 小节重复第 1—8 小节的动作。

9. 第二部分的律动与第一部分基本一致，可要求大家每 4 小节转换一次行进方向（方向的转化可使幼儿很好地感知乐句结构）。

10. 间奏及尾声的律动同前奏，即幼儿跟随恒拍节奏慢慢顺时针走动即可。

四、任务拓展

1. 此曲学习时长建议为 2 至 3 节课。在乐器合奏部分，串铃只在第一、三拍出现，切记第二拍不要发出任何声响。这样的操作是为了凸显 $\frac{3}{4}$ 拍的不平衡感，如同小船在海面上行驶受风浪影响摇晃的情景。而碰铃则每两小节在最后一拍出现一次，增添了音乐的不平衡感，同时对乐句的结构进行了划分。

2. 律动中幼儿在挥动彩带时可停下脚步感受二分音符，用挥动彩带的动作填满整个二分音符的时长。音乐节奏舒缓，意境静谧，教师可尝试教幼儿用弱音量及柔和的音色进行演唱。

五、任务反思与总结

在完成本课任务后，你对“大班幼儿音乐游戏设计与指导”是否有更好的创意教学思路，写出你的教学规划。

任务七　四个好朋友

热爱集体　互助互爱

学习目标

1. 引导幼儿从故事中了解各个天气之间的关系。
2. 引导幼儿从歌曲中熟记 4 种主要天气的英文单词发音。
3. 引导幼儿使用沙蛋。
4. 引导幼儿用身体感受三拍子的律动及旋律线条的走向。
5. 宽广的音域和重复的旋律线条，对锻炼幼儿有弹性的声线能起到很好的作用。

课前准备

1. 沙蛋与铃鼓（如乐器缺失，可选择其他乐器或用拍手替代）。
2. 查阅“附录”中沙蛋与铃鼓的规范演奏方式并根据打击乐谱熟练演奏；熟练演唱《四个好朋友》。
3. 熟悉关于天气的童话故事，准备关于 4 种天气的英文单词情景卡片课上进行展示。

扫码获取本课资源包

一、任务介绍

今天我们要学习的曲子是由英国童谣改编的《四个好朋友》。这四个好朋友很特别，分别是 Sunny、Raining、Windy 和 Cloudly，小朋友们知道这 4 个英文单词分别是什么意思吗？（可配合单词卡片及情景照片进行讲解）有人喜欢晴天，因为可以去野外郊游，感受大自然的空气。可是也有人很讨厌晴天，因为天气有时会太晒太热；有人很喜欢雨天，因为雨水滋润了大自然，花草树木开始生长。但也有人不喜欢雨天，因为下雨就不能出门玩耍。那么，究竟哪种天气最让人喜欢呢？我们一起去故事里找找答案吧！

温暖的春天，大地绿意盎然，鸟儿在枝头叽叽喳喳地唱着。可在天上，几个好朋友却在吵架，争得面红耳赤，它们分别是晴天哥哥、雨天姐姐、风儿弟弟和白云妹妹。它们在吵什么呢？原来它们在为谁的作用大而争论不休！

晴天哥哥说："小伙伴们，当然是我的作用最大！不信你看，我可以带给大地温暖，使花草树木自由生长……"它顿了顿，又说，"还有，我的光可以激发进行光合作用，制造氧气！这些事的功臣难道不是我？"正当晴天哥哥趾高气扬地夸耀自己时，雨天姐姐插话说："就你那微不足道的本领，能跟我相提并论吗？"晴天哥哥勃然大怒："你有啥本事？"雨天姐姐说："只有我才可以下雨，滋润世间万物。"这时云妹妹认真地说："我没什么硬本领，但我觉得我作用最大。要不是我挡住阳光，大地岂不被你那毒辣辣的阳光烤熟？还有雨天姐姐，你每次出门不都搭我的便车！要不然你的水珠能长上翅膀飞上天？所以，我的作用最大！"云妹妹得意极了。最后风儿弟弟开口说："哎哟，虽然雨水积累在云儿上，但最后还不是要靠我的魔力，你们才能飘到远方？没有我你们动都动不了！"

它们吵着吵着，一只小鸟飞来说："你们不要吵了！其实你们都有自己的作用，大家缺一不可。你们一定要发挥好自己的作用，团结一致世界才会更美好！"

请思考：

1. 从故事中总结 4 个"好朋友"之间的关系。（阳光照耀水分蒸发—积累在云中—风吹向四方—降雨）

2. 请小朋友分享自己喜爱的天气并讲述原因。

3. 小朋友还知道其他气候景象吗？（亲子探索：幼儿可回家与家长一起探讨，然后将搜索到的气候景象打印出来于复习课上分享）

二、演唱与演奏

四个好朋友

英国童谣

陈一诺 填词编配

三、律动游戏

1. 身体律动游戏《四个好朋友》共 16 小节，歌词有 2 段。教师引导大家保持一臂距离牵手站立围成圆圈，感受三拍子前奏（8 小节）的节拍律动。

2. 第 1—4 小节：根据恒拍，全体在第 1 小节第一拍往前跨出一步，第 3 小节第一拍退后一步。

3. 第 5—8 小节：大家在第 5 小节第一拍双手举高并保持姿势，第 7 小节第一拍放下双手，其间一直保持牵手动作。

4. 第 9—12 小节重复第 1—4 小节的动作。

5. 第 13—16 小节：大家在第 13 小节第一拍双手举高保持姿势，直到第 15 小节第一拍时松开牵着的手并抖动手指，随后双臂慢慢落下，模仿下雨的情景。

6. 第二部分的第 1—4 小节：全体重复第一部分的动作即可。

7. 第 5—8 小节：大家双臂举高，松开牵着的手慢慢旋转身体，手臂逐渐落下重新牵手。

8. 第 9—12 小节重复第一部分的动作。

9. 第 13—16 小节：第 13—14 小节大家左脚站立并静止不动；第 15—16 小节大家右脚站立并静止不动，过程中保持牵手动作。

10. 尾声部分大家左脚落地，放松静待音乐结束。

四、任务拓展

1. 此曲学习时长建议为 2 至 3 节课，可提前教授幼儿单词的发音及解读含义，以便幼儿更好地理解歌词。

2. 乐器合奏部分，沙蛋与铃鼓的合奏需准确一致。在集体的“大动作”中，幼儿可以更深刻地体会三拍子的律动及重拍。教师在律动教学中可用口号来强调三拍子中的第一拍，提醒幼儿此处为转换动作的节点。

五、任务反思与总结

在完成本课任务后，你对“大班幼儿音乐游戏设计与指导”是否有更好的创意教学思路，写出你的教学规划。

任务八　彩虹桥

七色彩虹　美丽的梦

学习目标

1. 引导幼儿感知 $\frac{6}{8}$ 拍的节奏重拍。
2. 引导幼儿演奏钢片琴，使其从听觉及演奏法上对八度音程有简单的认识。
3. 乐曲韵律前长后短的特征，使幼儿可以更好地感受三拍子的特征。
4. 引导幼儿在使用丝巾的过程中体会 $\frac{6}{8}$ 拍的节奏韵律，掌握其运动方向，使手臂肌肉得到锻炼。

课前准备

1. 三角铁、钢片琴或木琴（如乐器缺失，可选择其他乐器或用拍手替代）。
2. 查阅“附录”中三角铁与钢片琴或木琴的规范演奏方式。
3. 熟练讲述《彩虹的原理》的故事及演唱《彩虹桥》。
4. 根据打击乐谱熟练演奏三角铁、钢片琴或木琴声部。
5. 按人数准备彩色纱巾。

扫码获取本课资源包

一、任务介绍

我们这节课要学的新曲子叫作《彩虹桥》，源于英国的一首民谣。小朋友见过彩虹吗？你们知道通常什么样的天气会出现彩虹？答案就在下面的这首诗里：

彩虹桥

雷公公生气了，大吼大叫。
云朵们吓坏了，大哭大闹。
许许多多的泪花，
在天空中飘呀飘，
害怕地抱在一起。
太阳公公哄呀哄，
用魔法变出一道彩虹桥。
泪珠们高兴了，蹦蹦跳跳。
孩子们开心了，哈哈大笑。

——陈一诺

雨后大地到处湿答答的，空气中的水分很多，水分慢慢积累，变成一颗大水珠在天上飘呀飘，这时如果碰巧有阳光照在水珠上，就会反射出五颜六色的光芒。这些光会像一座桥一样划过天空，这就是我们常说的彩虹。

请思考：

1. 小朋友们有没有见过彩虹呢？
2. 当你见到彩虹时，心情是怎样的？为什么？
3. 你们觉得，关于彩虹的音乐应该是怎样的？（快的、慢的、快乐的、忧伤的，请讲出原因）

二、演唱与演奏

彩虹桥

［英］约翰 曲

陈一诺 填词编配

三、律动游戏

1. 身体律动游戏《彩虹桥》共 8 小节，歌词反复 2 遍，曲子风格灵动温和，可让幼儿在悠闲的节奏中仔细体会三拍子的律动。教师引导幼儿围成圆圈站立，手中各拿一条纱巾。

2. 前奏（共 6 小节）：大家在第 1、4 拍的节点上左右摇摆身体。

3. 第 1—3 小节：大家右手举起拿纱巾的一角在 1—3 拍向右划动，4—6 拍向左划动。

4. 第 4 小节：大家将纱巾用力向上抛，纱巾缓缓落下时尽量接住。

5. 第 5—7 小节：大家在第 1 拍将纱巾轻轻抛起，落下时接住；第 4 拍重复动作，每小节做 2 次。

6. 第 8 拍：大家只在第 1 拍将纱巾轻轻抛起，落下时接住。

7. 间奏（2 小节）：律动同前奏。

8. 音乐重复一次，在第 1—3 小节动作与第一段一样。在第 4 小节，大家将纱巾用力向上抛，任其缓缓落下不再接住。在第 5—8 小节，先由教师向右侧抛起丝巾传递给学生，学生接住纱巾后在第 4 拍再向右侧抛起传递给下一位学生，以此类推。

四、任务拓展

1. 此曲的学习时长建议为 3 至 4 节课。

2. 曲中包含前奏、间奏及尾声，在乐器合奏或音乐律动过程中需教师在每个节点给予提醒，使幼儿准时进入演奏或律动动作。

五、任务反思与总结

在完成本课任务后，你对“大班幼儿音乐游戏设计与指导”是否有更好的创意教学思路，写出你的教学规划。

任务九　水果歌

好吃水果　营养多多

学习目标

1. 启发幼儿对水果口味有所认知与描述。

2. 引导幼儿在踏步中感受恒拍。这首乐曲看似运动量不大，但持续的踏步律动对幼儿也是不小的挑战。

3. 引导幼儿在对唱中体会分声部的乐趣。

4. 引导幼儿感知铃鼓与双响筒的音色及使用方法。乐器合奏中，双响筒与铃鼓连续 3 个音的合奏，可以很好地让幼儿体会弱起后的重拍感。

课前准备

1. 铃鼓与双响筒（如乐器缺失，可选择其他乐器或用拍手替代）。

2. 查阅“附录”中铃鼓与双响筒的规范演奏方式。

3. 根据打击乐谱熟练演奏铃鼓与双响筒声部。

4. 熟悉《孔融让梨》的故事，可按照幼儿的程度自行准备谜语，丰富课堂内容。

扫码获取本课资源包

一、任务介绍

今天学习的新曲子叫《水果歌》。大家都知道，水果具有很高的营养价值，多吃水果可以让身体更健康。远古时代，当时人类还不会耕种，食物的来源主要靠捕猎和采摘果实。在历史的长河中，果实已经与我们的生活融为一体。小朋友们有听过望梅止渴、投桃报李这类成语吗？今天老师来给大家讲一个有关水果的历史故事，叫《孔融让梨》。

东汉时期，鲁国有一个叫孔融的孩子，十分聪明懂事。孔融有五个哥哥，一个弟弟。有一天，妈妈买了许多梨子，洗干净后放在盘子里让孩子们挑选，哥哥们便让弟弟先拿。你猜，孔融拿了一个什么样的梨？他不挑好的，拿了一个最小的。爸爸看见了，疑惑地问孔融："这么多的梨，又让你先拿，你为什么不拿大的，却拿一个最小的呢？"孔融回答："我年纪小，应该拿最小的，大的留给哥哥们吃。"父亲又问："那你还有个弟弟，弟弟不是比你还要小吗？"孔融又说："我比弟弟大，我是哥哥，我应该把大的让给弟弟吃。"你听，孔融讲得多好呀。他父亲听了，哈哈大笑赞叹道："好孩子，真是一个好孩子！"要知道，当时的孔融才四岁，就如此明白事理，是多么的难得！

请思考：

1. 小朋友们喜欢 / 讨厌什么水果？为什么？
2. 什么水果是甜的？什么水果是酸的？
3. 小朋友们还知道其他关于水果的故事 / 成语 / 谜语吗？（亲子探索：幼儿可回家与家长一起探索，于复习课上分享）

二、演唱与演奏

水果歌

外国童谣

陈一诺 填词编配

三、律动游戏

1. 身体律动游戏《水果歌》共8小节，歌词有3段，包含3组律动动作。教师引导大家围成圆圈，男生与女生分开站立。

2. 前奏（两小节8拍）：大家在恒拍的速度下原地踏步。

3. 第一段A：第1—4小节为女生演唱，大家原地踏步，在唱到“吃吃吃”时手指张合模仿嘴巴开合的动作，随后手放下继续踏步，在进行到“甜甜的”时双手捧住脸颊做愉快的表情，然后双手动作移到嘴边做喇叭状，向男生喊出：“你呢？”过程中男生一直随恒拍踏步。

4. 第一段B：第5—8小节为男生演唱，大家原地踏步，在唱到“吃吃吃”时手指张合模仿嘴巴开合的动作，随后手放下继续踏步，在进行到“酸酸的”时双手捧住脸颊做愉快的表情，然后双手动作移到嘴边做喇叭状，向女生喊出：“你呢？”过程中女生一直随恒拍踏步。

5. 第二段A、B的表演方式与第一段一样。

6. 第三段A在前半部分的表演方式与第一段一样，当进行到“小小的”时双手捂住脸颊做皱眉的表情，然后双手动作移到嘴边做喇叭状，向男生喊出：“你呢？”

7. 第三段B在前半部分的表演方式与第一段一样，当进行到“臭臭的”时双手捂住眼睛做皱眉的表情，直到音乐结束。

四、任务拓展

1. 此曲的学习时长建议为3至4节课，在新课前或讲故事时可将音乐提前播放给幼儿聆听，让其充分感受音乐的节拍律动。

2. 乐器演奏环节，可强调重拍感——即在铃鼓及双响筒合奏时予以强调。

五、任务反思与总结

在完成本课任务后，你对“大班幼儿音乐游戏设计与指导”是否有更好的创意教学思路，写出你的教学规划。

任务十　梦想家

心有梦想　照亮未来

学习目标

1. 启迪幼儿对“梦想”的概念有初步认知。

2. 引导幼儿在乐器合奏中感知 $\frac{3}{4}$ 拍的恒拍感及重拍感。

3. 引导幼儿初步感受三连音的节拍特点。

4. 引导幼儿在律动游戏中感知音乐的重拍。

5. 引导幼儿在不同节奏型的疏密、动作中感受音高走向。

课前准备

1. 串铃与三角铁（如乐器缺失，可选择其他乐器或用拍手替代）。

2. 查阅“附录”中串铃与三角铁的规范演奏方式并根据打击乐谱熟练演奏；熟练演唱《梦想家》。

3. 熟悉《我有一个小小的梦想》的故事。

4. 为每个孩子准备一条纱巾用于音乐律动游戏。

扫码获取本课资源包

一、任务介绍

今天我们要学习的歌曲叫《梦想家》。你们是不是常常会说："我希望妈妈给我买一条漂亮的裙子！""我想去游乐场玩！"或者"要是不用写作业就好啦！"，这些都是日常的小小愿望，而大大的梦想究竟是什么呢？现在老师为大家讲一则关于梦想的故事，我们一起从中找答案。

我有一个小小的梦想

我是一片小小的叶子，
我有一个小小的梦想，
我可以自由自在地飞，
飞到地球的每个角落。
我为了这个梦想，飘啊飘啊，荡呀荡呀。
在流浪的旅途中，
有太阳的温暖，
有雨水的滋润
即使最后掉到了小溪里，
我还是好开心，好开心的！

——佚名

请思考：

1. 认真来说一说梦想的定义是什么？（对未来的一种期望，必须努力才可以达到的目标）

2. 分享一下你们的梦想。

3. 谈谈关于爸爸妈妈的梦想。（亲子探索：幼儿可回家与家长一起探讨后，于复习课上分享）

二、演唱与演奏

梦想家

[美] 斯蒂芬 曲

陈一诺 填词编配

三、律动游戏

1. 身体律动游戏《梦想家》共 14 小节，歌词有 2 段，加一句 6 小节的尾声，音乐舒缓优美，富有幻想与希望。

2. 教师引导大家围成圆圈站好，右手手持一条纱巾。

3. 第 1—2 小节：大家在第一拍的三连音进行中用右手快速将纱巾向上向后甩（手不放开纱巾），后两拍缓缓放下。第二小节重复第一小节的动作。

4. 第 3—4 小节：大家在第 3 小节的第一拍将纱巾举起用力抛向空中，随后纱巾缓缓落到地面，大家拾起纱巾等待下一小节的律动。

5. 第 5—8 小节：这里重复第 1—4 小节的律动动作。

6. 第二部分（反复记号中的重复乐句）：大家随恒拍节奏，在第 1—2 小节和第 5—6 小节处，一边行走一边甩动纱巾；在第 3—4 和第 7—8 小节，停下脚步向上抛出纱巾。

7. 第 9—14 小节：幼儿再次停下脚步，在第 9—10 小节重复第 1—2 小节的动作；第 11—12 小节和第 13—14 小节，重复第 3—4 小节的动作。

8. 尾声：大家随音乐抛出丝巾再捡起，重复此动作直至音乐结束。

四、任务拓展

1. 此曲学习时长建议为 2 至 3 节课。演唱时需强调三连音中每个音在节奏和音量上的均匀，进一步感受三连音这一节奏型。

2. 第二部分律动中增添了行走的动作，教学初期可先去除，待手部的纱巾律动动作熟练后再加入。

五、任务反思与总结

在完成本课任务后，你对“大班幼儿音乐游戏设计与指导”是否有更好的创意教学思路，写出你的教学规划。

附录
乐器使用指南

铃鼓与手鼓

左手大拇指伸进小孔，其余四指紧握框边，右手手指轻击鼓面，以上动作可以在拍打的同时上下摇晃。

三角铁

左手提三角铁的提绳，右手持金属棒敲打三角铁的底边。需注意，双手及身体不可触碰三角铁，否则延长音将中断。

响板

将响板一端置于拇指或者中指之上，另一端直接握于掌心，通过手的晃动使响板两端碰奏。

沙锤与串铃

手持柄部自然抖动、摇晃，也可右手握柄，在左手掌心中进行敲击。

沙蛋

双手各持一沙蛋，用手臂带动手腕上下振动。可以双手同时进行，也可交替、轮换晃动。

打棒

左右手各持一棒互相敲击，两棒呈交叉状。

单响筒

左手持柄，右手根据节奏敲击。

双响筒

左手持柄，右手持棒敲击，可以敲击筒的一端，也可交替敲击筒的两端发出相隔 5 度的高低音声响。

大鼓与小鼓

手持鼓槌敲击鼓心，发出浓厚的音色，有较长的延续音。敲击鼓边发出脆而单薄的音色，延续音效短，亦可直接用手掌击打鼓面。

手铃

手握把，按节奏摇晃，也可用右手握串铃的握柄，按节奏作拍手状碰击右手掌心。

碰铃

双手分别握住碰铃的柄部互相敲击，有较长的延续音。需注意，双手及身体不可触碰到碰铃，否则延长音将中断。

钢片琴与木琴

使用音槌，敲击谱面所指示的音，可由一手或双手交替敲击出单音，亦可同时敲击演奏双音。